151 DICAS ESSENCIAIS

para reconhecer e recompensar colaboradores

Tradução de
FLORA PINHEIRO

1ª edição

RIO DE JANEIRO – 2015

CIP-BRASIL. CATALOGAÇÃO NA FONTE
SINDICATO NACIONAL DOS EDITORES DE LIVROS, RJ

Lloyd, Ken

L773c   151 dicas para reconhecer e recompensar colaboradores / Ken Lloyd; tradução Flora Pinheiro. – 1ª ed. – Rio de Janeiro: Viva Livros, 2015.
12x18 cm.

Tradução de: 151 Quick Ideas to Recognize and Reward Employees
ISBN 978-85-8103-087-6

1. Administração de empresas. I. Título.

CDD: 658.4
14-16587   CDU: 05.366

151 dicas essenciais para reconhecer e recompensar colaboradores, de autoria de Ken Lloyd.
Título número 083 da Coleção Viva Livros.
Primeira edição impressa em fevereiro de 2015.
Texto revisado conforme o Acordo Ortográfico da Língua Portuguesa.

Título original norte-americano:
151 QUICK IDEAS TO RECOGNIZE AND REWARD EMPLOYEES

151 QUICK IDEAS TO RECOGNIZE & REWARD EMPLOYEES © 2007 Ken Lloyd, Ph.D.
Original English language edition published by Career Press, 220 West Parkway, Unit 12, Pompton Plains, NJ 07444, USA. All rights reserved.
Copyright da tradução © by Editora Best Seller Ltda.

www.vivalivros.com.br

Design de capa: Sérgio Campante.

Todos os direitos reservados. Proibida a reprodução, no todo ou em parte, sem autorização prévia por escrito da editora, sejam quais forem os meios empregados.

Direitos exclusivos de publicação em língua portuguesa para o Brasil em formato bolso adquiridos pela Editora Best Seller Ltda. Rua Argentina 171 – 20921-380 – Rio de Janeiro, RJ – Tel.: 2585-2000 que se reserva a propriedade literária desta tradução.

Impresso no Brasil

ISBN 978-85-8103-087-6

EDIÇÕES VIVA LIVROS

151 dicas essenciais para reconhecer e recompensar colaboradores

Kenneth Lloyd (que assina Ken Lloyd) é escritor e reconhecido consultor norte-americano, constantemente requisitado por várias empresas. Publica uma coluna de conselhos sobre o ambiente de trabalho no jornal *Daily News* e escreveu cinco livros sobre o mundo dos negócios. Frequentemente é convidado a participar de programas de rádio e TV, entre eles *Good Morning America* e *Fox Morning News*. Também já lecionou na Universidade da Califórnia em Los Angeles.

Como usar este livro

Este livro reúne estratégias comprovadas para ajudá-lo a reconhecer e recompensar seus colaboradores, a aumentar a autoestima, a satisfação e a produtividade deles.

Assim como você não entraria em um restaurante e pediria todos os pratos do cardápio em uma só refeição, não é aconselhável tentar aplicar todas as dicas ao mesmo tempo. A melhor abordagem é ler o livro e então passar aos seguintes passos:

- Circular suas dicas favoritas.
- Destacar com marca-texto as que possam ser aplicadas imediatamente.
- Estabelecer prazos mais longos para implementar suas outras ideias favoritas.
- Voltar ao livro a cada noventa dias para buscar novas estratégias.

Distribua exemplares deste livro entre seus funcionários, marque reuniões para discutirem as ideias de que eles mais gostaram e, em seguida, estabeleça prazos para pôr em prática as que podem ser concretizadas. Se quiser usar uma dica específica, mas ela não se adequar perfeitamente à sua empresa, reúna-se com sua equipe, e é muito provável que, juntos, encontrem a solução ideal.

É importante lembrar que todas as dicas deste livro foram aplicadas com sucesso em pequenas e grandes empresas ao redor do mundo. Elas funcionaram para outras pessoas e também vão funcionar para você!

1
Faça bom uso das palavras

Uma das maneiras mais cativantes, poderosas e eficientes de recompensar e reconhecer seus colaboradores é também a mais barata. Tudo o que você tem a fazer é agradecer, dizendo as palavras de gratidão e apreciação que eles merecem por um trabalho bem-feito. Quando um colaborador o ouve dizer "Bom trabalho!", ele se sente melhor a respeito de si mesmo e da própria tarefa, e também em relação à empresa, o que o motiva a melhorar seu desempenho para continuar a receber esse feedback positivo no futuro.

Tarefa

Se você usar apenas a expressão "Bom trabalho!" depois que seus colaboradores demonstrarem um bom desempenho, tais palavras começarão a perder o efeito. Faça uma lista de, no mínimo, outros vinte elogios estimulantes e entusiasmados que possam ser usados no futuro. Alguns exemplos são: "Ficou ótimo!", "Gostei de ver!", "Excelente!".

O melhor momento para fazer esse tipo de reconhecimento é logo após o instante em que o colaborador agiu de modo exemplar. Se puder oferecer esse feedback na presença de outros membros da equipe, o efeito será ainda melhor. Os outros funcionários vão começar a buscar maneiras de aperfeiçoar o próprio desempenho para que também possam merecer seus elogios.

> Os colaboradores continuam a ouvir seus elogios muito depois de você tê-los dito.

2
Construa um ambiente positivo

Recompensas e reconhecimento não funcionam de forma independente, e o efeito deles varia de acordo com os costumes e o contexto do local de trabalho. Se o ambiente profissional for frio ou tenso, todos os esforços para recompensar e reconhecer os colaboradores serão em vão. Por exemplo, se um gerente costuma tratar os funcionários com indiferença, qualquer feedback positivo ou recompensa que tentar proporcionar será vista, na melhor das hipóteses, com desconfiança. O mesmo gesto, partindo de um gerente amistoso, será consideravelmente mais bem recebido. Ou seja, se você quer que as recompensas e o reconhecimento sejam eficazes, é essencial construir um ambiente positivo, amigável, justo e baseado em respeito e confiança.

> ### Tarefa
>
> Examine a lista de colaboradores do seu departamento e setores relacionados. Assinale um "+" ao lado dos nomes das pessoas que você cumprimenta regularmente, um "0" para os indivíduos com quem fala às vezes e um "–" nos casos em que nunca ou raramente os cumprimenta. Em seguida, estabeleça um prazo para transformar todos esses sinais em "+".

Uma maneira fácil de fazer isso é evitar a prática bastante comum entre os gerentes de fingir que não veem seus funcionários, em vez de parar e cumprimentá-los como deveriam. Cumprimentar as outras pessoas, talvez até mesmo perguntar como andam as coisas e escutar a resposta com atenção, são atitudes que fazem com que elas se sintam apreciadas, importantes e respeitadas, o que é uma grande recompensa.

> Colaboradores que raramente escutam um "Olá" de seu gerente acham muito mais fácil dizer "Adeus".

3
Faça visitas

Para seus funcionários, um fator importante de reconhecimento é o nível de interesse que você demonstra por eles e por seu trabalho. Se você for inacessível ou praticamente invisível, as pessoas podem sentir que não são valiosas para você ou para a empresa. Uma das vantagens de circular pelo escritório é que isso lhe permite ter uma ideia mais clara de como anda o setor.

Tarefa

Anote o número de visitas diárias que você faz à sua equipe sem que haja qualquer pauta a discutir ou reunião marcada. Se a média for inferior a uma visita, comprometa-se imediatamente a aumentá-la para mais de uma vez ao dia.

Passar tempo no local onde os funcionários trabalham é um modo sutil de recompensá-los. Na verdade, você está dizendo que, embora tenha muitas tarefas que exijam sua atenção, a equipe é ainda mais importante. As visitas não têm como objetivo resolver um problema específico, nem possuem uma motivação maior; decorrem apenas do desejo de encontrar seus colaboradores, saber como vão as coisas, fazer algumas perguntas e responder muitas outras.

Você não está dando presentes ou distribuindo dinheiro, mas proporcionará recompensas psicológicas contínuas que ajudarão a melhorar a autoestima e a competência dos colaboradores.

> Muitas vezes sua presença é o melhor presente que você pode oferecer aos seus funcionários.

4
Formalize

Independentemente dos agradecimentos, confiança e reconhecimento informais que você der a seus colaboradores, um meio importante de proporcionar recompensas significativas é oferecer um feedback formal acerca do desempenho deles ao menos uma vez por ano.

Muitos gerentes tendem a postergar reuniões sobre esse assunto, ou mesmo esquecê-las por completo, dizendo a si mesmos que não têm tempo. Essa forma de pensar desperdiça uma valiosa oportunidade de mostrar reconhecimento.

> **Tarefa**
>
> Primeiro, marque um dia para se reunir com cada um de seus funcionários e discutir o desempenho deles. Em seguida, reserve um tempo para se preparar para a conversa com antecedência, avaliando desempenhos e revisando anotações que você possa ter feito anteriormente, em reuniões informais.

Um colaborador acha muito recompensador ter uma noção mais clara a respeito de como está se saindo e que aspectos de seu trabalho precisam ser melhorados. Quando não recebe esse feedback, ele se sente como se estivesse tentando acertar um alvo de olhos vendados.

À primeira vista, as reuniões formais dizem respeito ao desempenho dos colaboradores, mas a mensagem mais significativa é que você possui interesse genuíno por seus funcionários e pela carreira deles, e essa é uma das maiores recompensas que se pode proporcionar a alguém.

> Se quiser ter uma reunião para tomar decisões consensuais com seus funcionários, o agendamento dela deve ser um consenso.

5
As riquezas do enriquecimento

Colaboradores se sentem mais reconhecidos e recompensados quando os gerentes enriquecem o seu trabalho. Alguns supervisores têm a ideia equivocada de que enriquecer significa dar mais trabalho, e, em geral, o mesmo tipo de tarefa, mas isso é apenas uma expansão horizontal de suas obrigações, o que faz com que os funcionários se sintam explorados.

Tarefa

Algum dia, quem sabe em um futuro próximo, todos os seus funcionários estarão preparados para o enriquecimento de seus trabalhos. Para se preparar para esse momento, reveja as tarefas atuais de cada um deles e estabeleça no mínimo cinco medidas para tornar seus empregos mais produtivos.

O verdadeiro enriquecimento expande verticalmente, dando aos profissionais mais autonomia, controle e oportunidades de tomar decisões. Assim, o indivíduo tem mais chances de pensar e crescer, e, em muitas situações, pode agir como seu próprio gerente. Quando um trabalho é enriquecedor de verdade, as pessoas progridem de diversas formas, especialmente em relação à qualidade do trabalho.

O enriquecimento não é algo a ser dado de modo gratuito a qualquer funcionário, mas sim a ser conquistado pelos que mantêm um alto desempenho. É uma recompensa pela excelência, e os indivíduos em cargos enriquecedores tendem a se sentir mais confiantes, realizados e competentes.

> Quando empregos são enriquecedores, os funcionários e as empresas também enriquecem.

6
Não há nada como um bom livro

Um ótimo modo de reconhecer e recompensar um colaborador é dar a ele um livro. Obviamente, existem milhões de opções, mas você pode filtrá-las de acordo com os gostos pessoais e o cargo do profissional. Muitas das melhores recompensas são pensadas para se adequarem àquele que as recebe, e é fácil fazer isso por meio de um livro.

Por exemplo, se a pessoa tem potencial para se tornar gerente, você pode lhe dar um livro sobre o tema. Ou também pode presenteá-la com um romance em que um personagem se destaque por sua excelente conduta no trabalho.

> **Tarefa**
>
> Faça uma lista com os nomes de seus funcionários
> e anote dois ou três livros que seriam perfeitos para
> cada um deles. Compre os títulos e tenha-os à mão
> para a próxima vez que um dos colaboradores fizer um
> trabalho excepcional.

Se quiser tornar a recompensa exclusiva ou personalizada, também pode escolher um livro sobre os hobbies ou interesses pessoais do funcionário, ou alguma obra que tenha recebido boas críticas e que você ache que vai agradar.

Independente do livro selecionado, torne o presente mais pessoal escrevendo uma dedicatória. Use uma boa caneta, redija um pequeno texto afetuoso, assine e date.

> Dar um livro sem dedicatória é como dar um troféu
> sem o nome do vencedor.

7
A arte dos artigos

Seus funcionários gostam de saber que você pensa neles, e não apenas como profissionais, mas também como indivíduos. Uma das melhores maneiras de reconhecer a individualidade de alguém é enviar-lhe um artigo que tenha a ver com os interesses da pessoa.

O artigo pode tratar de assuntos relativos a trabalho, ou até dos hobbies ou interesses pessoais. Você pode dar uma cópia impressa, ou mesmo mandá-lo por e-mail. Em todos esses casos, a mensagem é a mesma: você vê essa pessoa como um indivíduo valioso para a equipe.

Com essa estratégia você está proporcionando duas recompensas: a psicológica, de ser lembrado e reconhecido por um superior, e também a recompensa concreta, ou seja, o que o artigo pode lhe oferecer.

Tarefa

Elabore uma lista dos objetivos e interesses de seus colaboradores e procure artigos relevantes sobre os temas que relacionou. O objetivo é mandar ao menos um artigo por pessoa a cada um ou dois meses.

Quando der um artigo a um funcionário, não deixe de incluir um pequeno bilhete. Trate-o pelo nome e diga algumas palavras positivas sobre como pensou que o texto tinha a ver com as metas, os interesses ou os hobbies dele.

> Os artigos que você dá a seus funcionários ajudam a construir uma cumplicidade.

8
Dar a volta por cima

Todo gerente possui um funcionário que apresenta dificuldades. Com uma boa dose de treinamento, orientação, apoio e, talvez, um pouco de sorte, essa pessoa pode conseguir dar a volta por cima.

Quando um funcionário passa por esse tipo de transformação, você tem uma oportunidade de ouro para reconhecê-lo. Nesse momento, o reconhecimento é um reforço positivo que vai encorajá-lo a continuar tendo atitudes positivas.

Tarefa

Faça uma lista com todos os funcionários que estiverem com dificuldades. Anote os principais aspectos em que precisam melhorar e as atitudes que devem tomar. Marque uma reunião, escute o que eles têm a dizer e faça com que assinem um documento comprometendo-se a fazer as mudanças necessárias.

Esse indivíduo deveria receber um prêmio reconhecendo que ele é o profissional que mais progrediu. Seja durante uma reunião especial de equipe ou em um evento maior, os colaboradores que deram a volta por cima devem ser elogiados na frente dos colegas pelo progresso realizado. Eles podem receber um prêmio especial, que pode ser chamado de "Prêmio Top", ou outro nome qualquer, e que seja exclusivo para os funcionários "top", que se aperfeiçoaram e chegaram ao topo. Esse prêmio pode vir acompanhado de quaisquer brindes ou presentes mencionados nos próximos capítulos.

> A melhora no desempenho se propaga facilmente por meio do reconhecimento e de recompensas.

9
Reconhecimento por assinatura

É uma grande recompensa para seus funcionários saber que você está genuinamente interessado no crescimento, desenvolvimento e sucesso deles, e uma das maneiras de demonstrar seu comprometimento é presenteá-los com a assinatura de uma revista ou jornal que tenha relação com as responsabilidades e os objetivos de suas carreiras.

A assinatura deve ser feita no nome do colaborador, pois ajuda a colocá-lo como foco do reconhecimento. Ela pode ser uma fonte mais abrangente de reconhecimento se o profissional decidir compartilhar as revistas com outros colegas que possam se interessar por um ou mais artigos.

> **Tarefa**
>
> Repasse os objetivos e as responsabilidades de cada um de seus funcionários, depois pesquise quais revistas ou jornais, impressos ou digitais, são os mais adequados. Mostre algumas opções ao seu colaborador e pergunte se ele tem alguma preferência.

Esse modo de demonstrar reconhecimento pode ser mais bem aproveitado se você se colocar à disposição para discutir algum dos artigos em um almoço informal. Esse convite é uma recompensa por si só, e, caso seja aceito, pode proporcionar novas oportunidades para reconhecer o colaborador.

> Dar a assinatura de uma revista é como dar uma periódica dose de reconhecimento.

10
O certo é escrever

Uma das maneiras mais tradicionais de demonstrar reconhecimento é também uma das mais eficientes. Embora muitos considerem o ato de pegar uma caneta e escrever algo para outra pessoa uma tarefa arcaica e demorada, essa é uma excelente forma de mostrar a alguém que você fez um esforço extra para reconhecer suas realizações.

Isso não significa que você precise redigir um livro ou usar uma linguagem cheia de floreios. Um curto bilhete à mão tratando a pessoa pelo nome, com algumas palavras elogiosas sobre os feitos dela é sempre bem recebido e lembrado.

Tarefa

Pegue caneta e papel e treine esta técnica escrevendo um pequeno bilhete para si mesmo, reconhecendo um de seus sucessos recentes. Ao lê-lo, você certamente se sentirá bem, e quando seu colaborador receber um, ele vai se sentir ainda melhor.

Um dado bastante interessante é que a maioria das pessoas raramente descarta uma mensagem que tenha sido escrita à mão. A tendência é guardá-la e, de tempos em tempos, relê-la. Com isso, seu bilhete continua a despertar bons sentimentos muito tempo depois de você ter guardado a caneta de volta na gaveta.

> Um bilhete à mão dá a seus funcionários um incentivo constante.

11
E-mail de excelência

Outra técnica muito eficiente para dar crédito e reconhecer um colaborador é mandar um e-mail tecendo elogios por uma tarefa bem executada. O primeiro passo é usar uma expressão otimista e encorajadora no título do e-mail, como "Ótimo trabalho!" ou "Parabéns!".

O próximo passo é escrever o nome da pessoa antes de qualquer elogio no corpo da mensagem. A tendência nas empresas para e-mails internos é ir direto ao ponto, o que funciona bem na maioria dos casos, mas não quando o objetivo é reconhecer alguém.

Tarefa

Pense em cada um de seus colaboradores. Pelo menos um deles teve um desempenho que mereceu reconhecimento imediato, mas você esteve ocupado demais para dá-lo. Mande a ele um e-mail elogiando suas contribuições. E não se surpreenda se receber um e-mail igualmente agradecido como resposta.

O mesmo raciocínio se aplica ao fim do e-mail laudatório: não deixe de assiná-lo. Embora a maioria das mensagens profissionais termine com a última frase sem qualquer assinatura, este não é o caso. Se quiser enfatizar de modo pessoal o quão significativa foi a contribuição de seu subordinado, termine a mensagem com o seu nome, e não com seu cargo ou número do ramal.

> Quando você demonstra gratidão, recebe o mesmo em troca. E muito mais.

12
Espalhe a mensagem

Para tornar seus e-mails de elogio ainda mais eficazes, basta utilizar o campo "CC" e enviar simultaneamente cópias da mensagem para vários destinatários importantes em sua empresa. Fazer isso traz muitos benefícios, e o primeiro deles é que o colaborador se sente ainda mais orgulhoso e motivado ao saber que sua vitória foi compartilhada com tantas outras pessoas ilustres.

Outra vantagem é que, ao espalhar a mensagem, você coloca seu funcionário no centro das atenções, o que pode ajudá-lo a obter futuras oportunidades de crescimento na empresa. Além disso, quando um profissional se destaca, significa que você ajudou a criar as bases do sucesso dele. Assim, você também está mandando uma mensagem positiva a respeito de si mesmo para seus próprios superiores.

> **Tarefa**
>
> Para economizar tempo no futuro, faça uma lista com os gestores que deveriam receber uma cópia dos e-mails que você manda aos seus funcionários quando eles fazem um bom trabalho. Em seguida, ponha um asterisco ao lado de cada uma dessas pessoas que podem precisar de um incentivo amigável para mandar seus próprios e-mails de elogio.

A cereja no topo desse bolo empresarial é quando um superior responde a mensagem com um segundo e-mail, parabenizando seu funcionário. Afinal, ele recebe uma nova porção de reconhecimento, o que é muito saboroso.

> Quando você passa uma boa imagem de alguém, também melhora a sua.

13
Entre na onda verde

Caso identificasse uma oportunidade para reconhecer um assunto de grande importância para um número cada vez maior de funcionários, provavelmente você a agarraria sem hesitar. É isso que gerentes em todo o mundo fazem atualmente ao adotarem atitudes mais preocupadas com o meio ambiente.

> **Tarefa**
>
> Faça uma lista de dez atitudes ecossustentáveis que podem ser aplicadas em seu escritório. Numere-as de acordo com a importância e custo financeiro, depois estabeleça um prazo de 12 meses para tentar colocar as ideias em prática.

Essas práticas ambientais abrangem um grande espectro que vai desde oferecer frutas orgânicas e lanches saudáveis aos colaboradores até a adoção da energia solar, passando pelo uso de materiais reciclados e até mesmo a reforma do sistema de ventilação da empresa para que a poluição do ar seja reduzida.

Embora esse estilo de vida verde seja mais comum em funcionários jovens, pessoas de todas as idades começam a adotá-lo. Quando gerentes começam a fazer o mesmo, os profissionais se sentem bem em trabalhar para a empresa. A ideia de fazer parte de uma organização tão moderna deixa o indivíduo orgulhoso ao falar sobre seu trabalho para terceiros.

É extremamente recompensador para um funcionário sentir que sua gerência se preocupa em lidar com questões que ele considera relevantes.

> Quando você é bom para o meio ambiente, ele é bom para você.

14
Cartões virtuais

É sempre melhor que o reconhecimento se siga o mais rápido possível a uma tarefa bem-feita, e você pode fazer com que isso aconteça na velocidade da luz enviando um cartão virtual.

Existem inúmeros sites que oferecem cartões para as mais diversas ocasiões. Se pesquisar um pouco, você encontrará um que seja perfeitamente adequado à pessoa e à situação. O que é bom em demonstrar reconhecimento dessa maneira é que você estimula vários sentidos do indivíduo de uma só vez. Ao receber um cartão virtual, ele utiliza o tato, a audição e a visão, o que ajuda a tornar essa experiência de reconhecimento muito mais memorável.

Tarefa

Como o *timing* é essencial, busque agora mesmo por bons sites de cartões virtuais e guarde os endereços dos que mais combinam com a sua equipe. Se algum deles for especialmente apropriado para um de seus funcionários, escreva o nome dele ao lado do endereço do cartão.

Quando alguém recebe um cartão virtual, a tendência é que sorria e sinta-se bem na hora e mais tarde. Se o cartão realmente for adequado, é provável que não seja deletado, mas sim que seja salvo e relido várias vezes, o que realimenta a sensação positiva provocada pelo reconhecimento.

> Cartões virtuais são atuais, funcionais, pontuais e imortais.

15
Cartões impressos

Outra técnica bastante eficaz para reconhecer seus funcionários é ser mais tradicional e ir a uma loja procurar um cartão adequado. Mesmo no mundo virtual de hoje, funcionários ainda gostam de receber um belo cartão impresso comprado especialmente para eles.

Tarefa

Para não ter que procurar o cartão ideal no último minuto, faça uma lista das lojas que você frequenta e que vendem cartões. A cada visita, dedique cinco minutos de seu tempo para dar uma olhada na seção de cartões. Comprometa-se a comprar no próximo mês ao menos um cartão para cada colaborador.

A melhor escolha é um cartão que tenha a ver não apenas com a ocasião, mas também com a personalidade de quem vai recebê-lo. Quando encontrar o cartão ideal, não deixe de escrever algumas palavras de agradecimento ou congratulações e de assiná-lo. Se você colocar apenas a sua assinatura, estará deixando o cartão se encarregar de toda a comunicação, o que diminui seu efeito.

Além disso, não é suficiente deixar o cartão sobre a mesa de seu funcionário ou junto a correspondência dele. O reconhecimento só será verdadeiramente demonstrado se você disser algumas palavras de agradecimento e apreciação enquanto entrega o cartão pessoalmente.

> Um grande cartão para um grande desempenho pode fazer uma enorme diferença.

16
Dê uma folga

Para os funcionários que trabalharam duro e obtiveram resultados espetaculares, uma tarde livre ou uma folga remunerada podem ser excelentes recompensas. Esse tipo de prêmio mostra claramente que você aprecia o zelo e a dedicação de seu colaborador e que entende os sacrifícios que ele fez para realizar um bom trabalho.

> **Tarefa**
>
> Reveja o desempenho de cada um de seus funcionários e verifique se há algum que mereça uma tarde livre ou um dia de folga. Se for o caso, olhe em seu calendário as datas previstas para o fim dos projetos atuais e circule os melhores dias para dar esse prêmio.

Essa ideia funciona melhor como uma surpresa do que como uma recompensa estipulada caso determinadas metas sejam alcançadas. Se você indicar a possibilidade de uma folga no início de um projeto, mas ele for cancelado ou outros projetos importantes surgirem logo que esse terminar, isso poderá criar um problema.

Além disso, surpreender um funcionário dessa maneira é muito mais divertido, o que é sempre bom para qualquer ambiente de trabalho. Quando você premiar alguém dessa maneira, não deixe de fazê-lo pessoalmente, ou, no mínimo, por telefone. Quanto mais pessoal for a recompensa, maior será o seu efeito.

> Quando os funcionários fazem um esforço adicional no trabalho e são recompensados com uma folga extra, eles também voltam com energia, foco e dedicação extras.

17
Fique atento

Caso você fique nervoso só de pensar em conceder uma folga a seus funcionários, existem outras maneiras excelentes de recompensá-los, como a oportunidade de ouvir uma palestra interessante. Essa recompensa proporciona ao seu funcionário uma combinação de um dia de folga, formação, informação e diversão.

Tarefa

Quase todos os dias vemos anúncios nos jornais sobre palestras de aprimoramento. Faça uma lista de palestrantes, temas e datas, e em seguida verifique quais de seus funcionários merecem, podem e gostariam de comparecer a esses eventos. Faça a inscrição para eles e dê a notícia pessoalmente.

Você pode escolher entre muitos conferencistas interessantes: líderes governamentais, atletas premiados, heróis militares, *chefs* de cozinha, magnatas famosos, celebridades, escritores aclamados, motivadores profissionais, comediantes de *stand-up*, estrelas de cinema e muitos outros. O melhor é encontrar um que desperte a curiosidade de seu funcionário, pois isso fará com que ele se sinta mais satisfeito e recompensado.

Ver palestrantes famosos pessoalmente tem algo de empolgante, ainda mais quando se pode contar o que aconteceu a amigos e parentes. Quando seus funcionários voltarem ao trabalho, parte dessa empolgação voltará com eles.

> Quando funcionários assistem a uma palestra, os ganhos são muito maiores do que os olhos – e os ouvidos – podem captar.

18
Um pouco de educação

Quando alguém demonstra ser um bom profissional, uma das recompensas mais significativas que você pode lhe dar é a oportunidade de frequentar seminários, aulas, cursos ou mesmo obter um diploma. Os funcionários, em geral, se sentem motivados a aprender, crescer e se aprimorar, e recompensas que os ajudem a concretizar esses objetivos os estimulam ainda mais.

Tarefa

Faça uma lista com os colaboradores que merecem esta recompensa. Quem sabe toda a sua equipe a mereça. Levando em conta as necessidades, as habilidades e os objetivos de cada um, comece a pesquisar na internet quais são os melhores cursos. Quando chegar a hora certa, basta esperar o sinal tocar.

Você pode escolher entre diversas opções de cursos, on-line ou presenciais, e aulas sobre praticamente qualquer assunto. Além disso, há uma vasta gama de instituições de ensino, faculdades públicas e particulares, empresas de treinamento, programas do governo, associações profissionais, convenções do ramo, além de diversas empresas interessadas em treinar pessoas para que elas usem seus produtos.

Com todas essas opções, você tem a chance de escolher o tipo de educação ideal para cada um de seus funcionários. Por exemplo, alguns podem gostar mais de um curso de formação de gerentes ou supervisores, enquanto outros podem preferir um treinamento mais técnico. Quanto mais adequado o curso, maior a recompensa.

> O crescimento dos funcionários é a chave para o progresso da empresa.

19
As recompensas de ensinar

Após premiar um colaborador com a inscrição em um seminário, curso ou outro programa de ensino, você pode tornar a recompensa ainda mais completa convidando-o a dar uma pequena palestra para outros funcionários. Esse curto seminário deve focar os principais pontos a respeito do que esse profissional aprendeu.

Quando você deixa que ele se encarregue do treinamento dos colegas, está suprindo algumas de suas necessidades psicológicas mais básicas, como reconhecimento, responsabilidade, realização e crescimento. Isso também dá a ele mais experiência em falar em público, ensinar, organizar-se e se planejar.

Tarefa

Se um de seus colaboradores concluiu algum curso recentemente, convide-o a apresentar um breve seminário para o restante da equipe. Para assegurar o sucesso dessa e de futuras apresentações, envolva-se na organização e reserve uma sala de reuniões, sem se esquecer de deixá-la pronta para o evento, disponibilizando blocos de anotações, canetas e pequenos lanches.

Outro benefício é que para ensinar bem o conteúdo do curso, o colaborador terá que aprendê-lo bem. E, além disso, essa técnica aumentará a chance de os conhecimentos mais importantes serem efetivamente aplicados no trabalho.

> Quando os funcionários transmitem os seus conhecimentos, todos aprendem uma valiosa lição.

20
Líderes certificados

Um programa estratégico de formação de gestores exclusivo para a sua empresa pode trazer muito reconhecimento para seus colaboradores. Esse tipo de programa, que pode ser desenvolvido tanto por uma equipe interna quanto por uma firma terceirizada, proporciona a seus gerentes e supervisores um programa completo de formação de gestores.

Tarefa

Futuros gerentes e supervisores costumam aprender a maioria de suas habilidades de liderança no convívio diário com seus próprios gestores. Pense no que você gostaria de ensinar a seus funcionários, caso estivessem em uma sala de aula. Faça uma lista com os assuntos que mais domina e prepare um plano de aula para ensiná-los a seus funcionários.

Um programa assim deve ser mais do que um nome pomposo e algumas aulas preparadas às pressas. Ele precisa de uma grade curricular oficial, aulas frequentes, presenciais e a distância, trabalhos e provas. Assim, os funcionários se sentem valorizados e recompensados quando são selecionados para o treinamento. Eles apreciam a oportunidade de aprender, crescer, e poder fazer parte do programa é, para eles, uma prova de que são reconhecidos e respeitados pela gerência, e de que ela acredita no potencial deles.

Além dessas recompensas abstratas, esses programas têm um encerramento especial, com uma cerimônia de formatura para os alunos que cumpriram todas as exigências. Cada formando é presenteado com seu diploma em uma moldura, atestando que eles são gestores certificados de sua empresa.

> Se as empresas plantam a semente do conhecimento, os funcionários florescem.

21
Distribua pontos

Uma das melhores maneiras de fortalecer a associação entre bom comportamento e recompensa é distribuindo pontos aos funcionários por um trabalho bem-feito. Assim, eles podem usá-los para resgatar as recompensas que mais lhes agradarem em vários sites que ofereçam esse serviço. Quanto mais pontos acumulados, melhores os prêmios disponíveis.

> ### Tarefa
>
> Procure por sites que trabalhem com programas de incentivo e resgate de pontos. Depois de escolher o que mais combina com a sua equipe, nada impede que você comece esse sistema de reconhecimento imediatamente.

Uma vantagem desta técnica de incentivo é que os funcionários podem ser recompensados assim que demonstrarem um bom desempenho. Esse tipo de gratificação instantânea estimula a conduta exemplar. Além dos pontos, eles também apreciam qualquer comentário positivo que você fizer enquanto dá a eles o seu cartão de incentivos.

O sentimento de satisfação continua enquanto seus funcionários escolhem as recompensas on-line. Esse tipo de incentivo causa uma empolgação peculiar. Quando finalmente escolherem um prêmio, ele será perfeito, o que torna os efeitos dessa recompensa ainda mais duradouros.

> Quando funcionários ganham pontos por seu comportamento positivo, tendem a ter atitudes ainda mais positivas.

22
Cuide da saúde

Todos saem ganhando quando os colaboradores de uma empresa fazem todo o possível para manter a saúde, e existem hoje técnicas inovadoras que podem estimulá-los a buscar hábitos mais saudáveis. São muitas as consequências positivas, como, por exemplo, uma vida mais rica e plena, melhor desempenho no trabalho, menores índices de falta e até mesmo planos de saúde com preços reduzidos.

Tarefa

Entre em contato com o departamento de recursos humanos ou o responsável pela assistência médica dos funcionários e discuta a possibilidade de começar um programa de bem-estar com incentivos para os funcionários da empresa. Se o encarregado dessa função olhá-lo como se você tivesse ficado maluco, é hora de procurar um substituto.

A ideia é estabelecer um programa de bem-estar e premiar seus participantes. Existem inúmeras recompensas possíveis, como, por exemplo, um auxílio no pagamento de consultas médicas, descontos em remédios ou até mesmo um prêmio em dinheiro.

Em geral, esse tipo de programa exige que um médico faça uma visita para realizar exames de sangue, colesterol, pressão sanguínea e medir o peso de seus funcionários.

Depois disso, as pessoas que seguirem as recomendações médicas devem ser recompensadas.

Quando seus colaboradores buscam um estilo de vida mais saudável, eles se sentem melhores, o que é uma grande recompensa em si. Quando, além disso, outras recompensas concretas são oferecidas, ninguém quer ficar de fora.

> Recompensar funcionários por um estilo de vida saudável é um presente que eles levarão para toda a vida.

23
Estacionamento de primeira

Os funcionários que vão de carro ou de carona para o trabalho vão adorar ter um ótimo estacionamento como uma das políticas de reconhecimento da empresa. E vão gostar ainda mais se a vaga for perto da entrada, especialmente nos estacionamentos externos, em dias de chuva ou sol escaldante.

> **Tarefa**
>
> Procure no estacionamento de sua empresa a melhor vaga para servir de recompensa. Para avaliar o desempenho dos funcionários, analise aspectos que tenham alguma relação com ir de carro para o trabalho, como frequência, segurança e pontualidade. O passo final é anunciar a novidade e fazer um sorteio entre os funcionários que se qualificaram.

Esta recompensa pode ficar ainda mais gratificante se a vaga especial for nomeada de modo criativo. Ela pode receber uma placa dizendo que é reservada às estrelas da empresa, ou suas linhas podem ter uma cor que a diferencie das outras.

Outra forma de incorporar um segundo destaque a esta dica é fotografar o funcionário premiado ao lado de seu carro na vaga especial. Para que os efeitos da recompensa sejam mais duradouros, você pode gravar os nomes dos vencedores na placa identificadora. Ao fazer isso, você a transforma em um verdadeiro troféu.

> A chance de ganhar uma vaga especial pode motivar os funcionários a trabalharem com mais empenho.

24
Oportunidades de promoção

Uma das melhores técnicas de reconhecimento é promover colaboradores que apresentam um excelente trabalho de modo consistente. Em muitos aspectos, a promoção é a maior recompensa que um empregado pode receber, pois ela satisfaz sua necessidade de reconhecimento, realização, responsabilidade e crescimento pessoal. Também traz recompensas mais concretas, como um aumento salarial ou uma sala melhor.

Quando as promoções são justas, até mesmo os colaboradores que não foram promovidos se sentem motivados. É recompensador saber que a empresa promove seus funcionários, e isso pode estimulá-los a se dedicar mais, na esperança de também serem reconhecidos.

Tarefa

Avalie seus colaboradores e, levando em conta os méritos de cada um para receber uma promoção, dê a eles notas de 1 a 10. Analise as oportunidades de crescimento em seu departamento e na empresa para os que se saíram melhor e considere promovê-los. Ao mesmo tempo, reúna-se com os funcionários que tiraram notas mais baixas e comece a desenvolver um plano para melhorar o desempenho deles.

Você pode tornar uma promoção ainda mais especial fazendo um anúncio formal, tirando uma foto da ocasião e escrevendo um bilhete para parabenizar o funcionário. As pessoas se lembram de cada promoção em suas carreiras, e esses pequenos cuidados tornam o evento ainda mais memorável.

> Quando você promove um funcionário, está promovendo também compromisso, motivação e produtividade.

25
Mantenha os olhos na parede

Você pode intensificar muito os efeitos positivos de uma recompensa dando a ela visibilidade. Uma excelente maneira de fazer isso é criar uma "parede do reconhecimento" para colaboradores.

Ela pode ser chamada de Parede da Fama, e não deve ter nada além de itens que tenham relação com o reconhecimento e a apreciação de funcionários. Você pode colocar fotos, anúncios e elogios relativos às grandes realizações de sua equipe. A parede escolhida deve ficar em uma área de grande circulação, mas os funcionários precisam conseguir parar para olhá-las sem causar um engarrafamento no corredor.

> **Tarefa**
>
> Dê uma volta no escritório e procure a parede ideal para se tornar a Parede da Fama. Quando tiver feito sua escolha e reunido material suficiente, assegure-se de que a parede tenha uma cor especial e um visual atraente. Quando estiver pronta, espalhe a notícia.

A Parede da Fama faz com que cada prêmio se torne uma dupla recompensa. Há a primeira recompensa em si, e a segunda é ganhar um espaço na parede. Os funcionários se sentem muito reconhecidos quando veem a exposição de seus feitos ou quando outros colegas comentam que os viram na Parede.

> Uma Parede da Fama é o equivalente empresarial a ter seu nome em um letreiro.

26
Uma recompensa polida

Um exemplo de uma recompensa bastante visível e que costuma agradar bastante é uma lavagem de carro grátis. Caso sua equipe venha mostrando um bom desempenho e você esteja em busca de uma recompensa que ganhe de lavada das outras, essa é realmente brilhante.

> **Tarefa**
>
> Usando a sua ferramenta de busca favorita, procure por "lavagem de carros" e o nome da sua cidade. Verifique os resultados das pesquisas e entre em contato com os que mais gostar. Peça referências e tente negociar preços mais vantajosos. Quando chegar o momento de marcar um dia, tente fazer isso em uma sexta-feira. As pessoas adoram começar o fim de semana com o carro recém-lavado.

A primeira vantagem é que esse prêmio poupa tempo e dinheiro de seus colaboradores, duas coisas que eles valorizam muito. Além disso, com essa recompensa você demonstra a seus funcionários que se importa com eles no trabalho e também fora dele. Oferecê-la ao término de um projeto ou no início de um novo ciclo é uma excelente maneira de fazê-los voltar ao trabalho de alma lavada.

Por dias e até semanas, enquanto chegam e saem do trabalho, a satisfação decorrente dessa recompensa irá de carona com eles. E para que este seja um prêmio justo, lembre-se de dar vales para lavagem de carro, mesmo para empregados que façam rodízio de carona com colegas ou usem o transporte público.

> Presentear seus funcionários com uma lavagem de carro reflete bem em você e na empresa.

27
Uma boa pedida

Caso esteja em busca de uma recompensa divertida, você e alguns de seus colegas gerentes podem trocar o uniforme por um avental de cozinha e preparar uma refeição para os funcionários. Alguns dos pratos mais populares são ovos e panquecas para o café da manhã, hambúrgueres com salada para o almoço ou uma massa para o jantar.

Tarefa

Reúna-se com seus colegas gestores e discuta essa ideia e a logística para realizá-la. Escolha a refeição mais adequada para a sua empresa ou departamento. Com uma rápida pesquisa na internet ou um telefonema, você pode providenciar ingredientes, equipamentos, talheres, pratos e outros itens necessários para tornar esta dica uma recompensa deliciosa.

Por um lado, esse é um modo gostoso de agradecer a seus funcionários pela dedicação deles no trabalho. Ao mesmo tempo, quando você está preparando uma refeição para eles, também está oferecendo uma oportunidade para todos se conhecerem melhor. Você pode ser um chefe acessível e comunicativo, mas, se colocar um avental e um chapéu de *chef*, mesmo as menores barreiras para a comunicação serão superadas. Ainda mais importante: a comunicação passa a fluir melhor nessas ocasiões e tende a se manter assim por muito tempo. Esses eventos não são uma simples recompensa para sua equipe, eles ajudam a construí-la.

> Cozinhar para seus funcionários é uma recompensa que eles podem saborear. Alimente essa ideia.

28
Troféus clássicos

Quando funcionários se destacam, seja em termos de projetos especiais, tarefas que estão além de suas atribuições ou alcançando metas desafiadoras, algumas recompensas tradicionais ainda são muito populares. Troféus, placas, medalhas e certificados são alguns dos prêmios mais duradouros para um desempenho excepcional.

Tarefa

Pense se algum de seus funcionários está executando tarefas complexas e merece este tipo de recompensa. Se for o caso, procure uma empresa que trabalhe com isso e veja o que eles têm a oferecer. Quando encontrar o prêmio ideal, mande gravar uma mensagem personalizada e marque o dia da cerimônia.

Essas recompensas são especialmente interessantes se forem personalizadas não apenas com o nome da pessoa, mas também com algumas palavras de apreço, descrevendo o feito realizado. Se quiser deixar essa recompensa ainda mais completa, organize uma cerimônia para a entrega desses prêmios. Durante o evento, faça elogios ao desempenho de cada um, agradeça as contribuições, parabenize-os e, então, entregue o prêmio e tire uma foto para colocar na Parede da Fama e na página da empresa na internet.

Em geral, os funcionários expõem esses prêmios em suas salas, e boa parte da satisfação sentida no dia em que foram recebidos é experimentada novamente a cada vez que eles olham seus troféus, certificados ou placas.

> Dar recompensas clássicas pode ser uma ótima tradição em sua empresa.

29
Troféus originais

Se estiver procurando por uma maneira divertida de reconhecer e recompensar seus funcionários, que tal um troféu original para homenagear o bom desempenho em um projeto, programa ou evento específico? O prêmio pode ser qualquer tipo de objeto: uma pedra, uma lata de metal, um celular arcaico, um tênis velho...

O ideal é que esse troféu seja passado de um vencedor para o outro, ou de uma equipe para a outra. Ele decora a mesa ou o local de trabalho de alguém por certo período de tempo e depois é passado adiante, para o próximo ganhador.

Tarefa

Examine os projetos individuais e coletivos de seus funcionários e veja se algum deles se encaixa neste tipo de recompensa. Os troféus originais são mais interessantes para projetos que peçam uma competição amigável entre os membros de sua equipe. Anote, no mínimo, dez ideias para troféus e escolha a que parecer mais divertida.

Esses troféus também podem receber o nome que você quiser. Por exemplo, talvez no passado houvesse um funcionário bastante dedicado que trabalhava por muito mais horas do que os outros. O troféu pode receber o nome dessa pessoa e ser entregue aos empregados dedicados e persistentes, que trabalham até bem depois do fim do expediente. O troféu pode ser um relógio quebrado, uma vez que o vencedor certamente perdeu a noção do tempo.

Um troféu aparentemente sem sentido pode ser uma recompensa significativa.

30
Bem na hora

Um bônus inesperado é uma das melhores maneiras de reconhecer e recompensar atitudes desejáveis. É o tipo de recompensa a ser dada assim que o colaborador faz algo incrível.

Tarefa

Faça uma lista com dez excelentes bônus para seus subordinados e, depois, leve-os para o trabalho. De agora em diante, sempre que for passar pelas mesas de seus colaboradores, leve um bônus com você. Fique atento e tente dar, no mínimo, um desses prêmios a cada duas semanas.

O bônus em si não deve estar visível aos colaboradores até que você veja um comportamento exemplar. Quando isso acontecer, tire imediatamente o prêmio de seu bolso, ou bolsa, e entregue-o à pessoa. Não deixe de parabenizá-lo e de agradecer de modo caloroso. Se houver gente em volta, melhor ainda.

Escolha o que funcionar para você e sua equipe. A recompensa pode ir de um vale-presente a dinheiro vivo. Para causar mais impacto, coloque o bônus em uma embalagem especial, que deixe seu conteúdo bem claro. Essa é uma excelente maneira de entusiasmar e criar uma nova tradição. E não deixe de registrar no arquivo do funcionário sempre que lhe der um desses bônus.

> Bônus inesperados são uma ótima forma de melhorar rapidamente o desempenho.

31
Mesa para dois

Para os colaboradores que estão fazendo hora extra, um jantar para dois é um prêmio recompensador. Entretanto, você precisa fazer muito mais do que escolher um restaurante e entregar a ele um vale para a refeição.

Se quiser que o jantar seja uma verdadeira recompensa, não se contente em indicar um excelente restaurante, mas sim um que já tenha sido elogiado pela pessoa. Caso nenhum tenha sido mencionado, tente ao menos descobrir o tipo de comida favorita dela. O prêmio de jantar fora em um restaurante badalado pode deixar um gosto amargo na boca caso o funcionário não goste da comida.

Tarefa

Prepare uma lista com os pratos e restaurantes favoritos de todos da sua equipe. Caso encontre dificuldades para elaborá-la, é hora de passar mais tempo com seus funcionários e conhecê-los melhor. Quando você constatar que eles estão fazendo muitas horas extras, dê a eles um vale para a refeição ideal.

É muito provável que seu funcionário tão esforçado tenha perdido diversos jantares com o cônjuge por conta do trabalho, por isso não deixe de incluir essa pessoa especial no convite. Ela desempenha um papel fundamental na vida de seu funcionário, e o fato de ela também ser reconhecida pode tornar todas aquelas horas extras um pouco mais prazerosas.

> Um jantar para dois é a recompensa perfeita para funcionários que estão famintos, tanto no sentido literal quanto no figurado.

32
Praticar esportes

Se você está procurando um modo saudável, divertido e empolgante de fazer seus funcionários se sentirem reconhecidos, comece a observar as equipes esportivas patrocinadas por empresas. Na maioria das cidades, é possível encontrar equipes de futebol, vôlei, corrida, natação e muitos outros esportes.

Quando funcionários fazem parte do time da empresa, são reconhecidos de várias formas. Isso ocorre a cada vez que o time pratica alguma atividade, desde o dia de sua criação até seu último jogo. O reconhecimento também vem na forma de fotos no site da empresa ou na Parede da Fama.

Tarefa

Entre em contato com os clubes e a Secretaria de Esporte e Lazer de sua cidade para obter informações acerca das equipes financiadas por empresas em sua região. Prepare para seus funcionários um pequeno resumo sobre essas equipes e depois faça uma pesquisa para saber quantos funcionários estão interessados em praticar algum desses esportes. Analise os resultados, escolha o mais popular, coloque o seu nome no topo da lista de interessados e passe-a adiante.

Os jogadores do time proporcionam reconhecimento uns aos outros, e esse sentimento é intensificado quando são reconhecidos por seus gestores. Na verdade, as conversas entre os jogadores não se resumem a esportes, e por isso podem abrir portas para oportunidades e projetos.

Fazer parte do time da empresa pode trazer muitas recompensas dentro e fora de campo.

33
Assistir a esportes

Ingressos para um evento esportivo são uma maneira excelente de recompensar indivíduos ou equipes inteiras. Se o funcionário alcança objetivos específicos, ele é recompensado com ingressos para algum evento, como, por exemplo, uma partida de futebol.

Tarefa

Reveja os projetos programados para os próximos meses e verifique se algum deles é compatível com esse tipo de recompensa. Se encontrar um, reitere os objetivos específicos do projeto, reserve os ingressos e apresente a ideia para seus funcionários.

Dependendo do projeto e dos participantes, esta recompensa pode ser compartilhada com um grupo de funcionários ou até mesmo com todo o departamento. Na verdade, quando você faz dela um prêmio para todo o grupo, as pessoas tendem a trabalhar melhor em equipe. Também é possível que você passe a escutar mais termos esportivos sendo utilizados no dia a dia da empresa, enquanto eles matam no peito, fazem gols de placa e ganham de goleada.

Se a equipe atingir as metas e conseguir ingressos para o próximo jogo, você pode tornar a experiência ainda mais especial dando a eles vales-refeição para comida e bebida.

> Enquanto os atletas superam seus limites diariamente, seus funcionários podem fazer o mesmo se os ingressos para ver seu time favorito estiverem em jogo.

34
Brindes esportivos

Ainda no espírito de combinar reconhecimento e esportes, aqui estão algumas recompensas criativas que funcionam bem. Elas são muito divertidas e incluem itens como bolas de futebol, de vôlei, de basquete, raquetes e bolas de tênis.

Tarefa

Se os seus funcionários estiverem no meio de um projeto e você quiser estimulá-los com uma recompensa, pesquise as opções de brindes relacionados a esportes e encomende os que podem agradar sua equipe. Quando o pedido chegar, organize uma cerimônia de entrega, e não se esqueça de dedicar algum tempo para arregaçar as mangas e se divertir um pouco com os novos prêmios.

Essas recompensas devem ser dadas sem muita pompa ou formalidade. Se quiser que tenham um efeito mais duradouro, você pode estampar o nome da empresa nelas. Caso elas sejam dadas em reconhecimento ao desempenho do indivíduo em um projeto ou evento especial, isso também pode estar escrito. Mesmo depois de muitos anos seu funcionário se sentirá apreciado a cada vez que se divertir arremessando, chutando, passando ou jogando sua recompensa.

> Empregados e empregadores podem marcar muitos pontos quando as recompensas são itens esportivos.

35
Apto a agradar

Se você procura novos modos de fazer com que seus colaboradores se sintam reconhecidos e recompensados a cada vez que se sentarem diante de seus computadores, um mouse pad estilizado é uma ótima saída. É um daqueles presentes divertidos que você pode dar a seus funcionários, celebrando sua habilidade de contornar as falhas do computador, deletar e-mails ridículos, organizar suas caixas de entrada ou lidar com outros problemas técnicos.

> ### Tarefa
>
> Procure reparar na capacidade de seus colaboradores quanto à forma com que lidam com computadores. Se alguém for mais capaz do que os outros, pode ser considerado um funcionário APTO. Selecione os melhores e procure por "mouse pads customizados" em seu site de busca favorito, e assim você encontrará o presente com maiores chances de agradar.

O mouse pad deve ter o logotipo e o nome da empresa, bem como o nome e o cargo do colaborador e o título do prêmio. Talvez você possa chamá-lo de "Amigos Profissionais da Tecnologia Obscura", ou APTO. Entregue os mouse pads numa cerimônia pomposa, depois coloque as fotos no site da empresa e na Parede da Fama.

Sempre que ligarem seus computadores, esses profissionais premiados vão se lembrar rapidamente da diversão de quando receberam a recompensa, e boas memórias são sempre um ótimo modo de começar o dia.

> Apesar do lugar onde ficam, mouse pads não são presentes de segunda mão.

36
Vamos almoçar aqui

Quando sua equipe ou um membro específico dela atinge uma meta importante, um jeito casual e agradável de celebrar é com um almoço leve no próprio setor.

Tarefa

Analise os desempenhos individuais e da sua equipe como um todo para saber se eles estão prestes a atingir alguma meta importante. Se for o caso, marque o almoço, lembrando que as sextas-feiras normalmente são os melhores dias, e não deixe de convidar todo o setor e os gerentes seniores.

O objetivo dessas reuniões leves e casuais é colocar no centro das atenções os funcionários homenageados, e não a comida que está sendo servida. Quanto ao cardápio em si, opte pelo que for mais prático, como pizza, sanduíches a metro ou à francesa. Ou, se o homenageado tiver uma comida favorita, essa deve ser o prato *du jour*.

Como parte do evento, faça um pequeno discurso destacando as contribuições do profissional ou da equipe. Você pode tornar a experiência ainda mais significativa convidando alguns dos gerentes seniores da empresa a comparecerem e fazerem seus próprios elogios.

> Em um almoço de comemoração, os principais itens do cardápio devem ser reconhecimento, atenção e apreciação.

37
Vamos almoçar fora

Se você quiser elevar os padrões (e talvez a qualidade da comida) nos almoços em homenagem a seus funcionários, marque o evento em um restaurante. Você pode adicionar um toque pessoal escolhendo o estabelecimento preferido do profissional ou do grupo que você deseja recompensar.

Uma das maiores vantagens de almoçar fora é que haverá menos interrupções e distrações relacionadas ao trabalho, o que fará dos homenageados o centro das atenções. Isso também permite que os funcionários aproveitem melhor a recompensa. Na verdade, não são apenas os homenageados que se sentem reconhecidos, mas todos os convidados.

Tarefa

Se os seus funcionários merecerem esse tipo de recompensa, seja de forma individual ou como equipe, ou se você acredita que alguém em breve merecerá, entre em contato com alguns dos restaurantes mais populares da sua cidade e pergunte se eles possuem uma área privada, ou semiprivada, e em seguida reserve a que for mais adequada a seus interesses. Quando chegar a hora, não hesite em anunciar o almoço, sem se esquecer de convidar alguns gerentes seniores.

Quando você recompensa um funcionário com um almoço em seu restaurante favorito, ele se sente o "especial do dia".

38
Vale-reconhecimento

Muitos estudos indicam que o preço do combustível é uma questão que preocupa um número crescente de funcionários, o que faz com que um cartão de combustível pré-pago seja hoje um dos melhores agrados. Eles parecem cartões de vale-presente e os valores podem ser escolhidos por você.

Como as recompensas são melhores quando suprem as necessidades de quem as recebe, cartões de combustível são um prêmio perfeito. Eles demonstram claramente que você se preocupou em procurar uma recompensa útil. Embora existam ocasiões para presentes mais afetuosos, também há momentos para os mais práticos, especialmente os que suprem as necessidades de seus funcionários e os deixam cheios de combustível e energia para trabalhar.

> **Tarefa**
>
> Um dos modos mais fáceis de comprar esses cartões é pela internet. Use qualquer ferramenta de busca para encontrar rapidamente todas as opções e preços disponíveis. Escolha e compre os cartões que preferir e, quando eles chegarem, passe a distribuí-los como recompensa por bons desempenhos.

Seus funcionários se sentirão reconhecidos quando você entregar um desses cartões e vão relembrar o sentimento quando utilizarem o prêmio para encher o tanque e voltar à estrada.

> Cartões de vale-combustível são recompensas que fazem os funcionários se sentirem completos e geram quilômetros de sorrisos.

39
Os benefícios da carona corporativa

Mesmo que você não faça nada além de encorajar os seus colaboradores a pegar carona com colegas para irem trabalhar, estará abrindo as portas para que eles tenham inúmeros benefícios, como, por exemplo, diminuição do desgaste dos carros, economia em combustível e manutenção, oportunidades para conhecer melhor os colegas de trabalho, além de a prática diminuir o estresse e ajudar a preservar o meio ambiente.

Uma forma de incentivar esse hábito recompensador é oferecer vagas especiais e lavagens gratuitas. Ou você pode ir ainda mais longe e incluir os adeptos da carona solidária e os que usam transporte público em um sorteio mensal de ingressos de cinema, vales-compras de supermercado e, é claro, vales-combustível.

Tarefa

Envie um e-mail sobre a nova política de caronas e peça aos interessados para lhe contatarem. Veja os nomes e os endereços de quem se manifestou e informe as possíveis combinações de trajeto. Não se esqueça de sempre informar aos novos colaboradores sobre a política da empresa, pois uma pessoa recém-contratada pode ser uma boa carona para alguém que ainda dirige sozinho. E não se esqueça de incluir o nome de todos no sorteio.

> Um programa de incentivo à carona compartilhada é um bom modo de garantir que tanto os colaboradores de sua empresa quanto as mensagens que você deseja passar alcancem seus destinos.

40
Ideias de entretenimento

Quando os empregados fazem muitas horas extras e completam um projeto que parecia não ter fim, um bom modo de celebrar esse desfecho é levá-los para assistir a um filme, uma peça ou algum outro tipo de entretenimento. Neste dia, reúna seus colaboradores como se fosse fazer uma reunião no departamento e surpreenda a todos anunciando que em breve sairão para fazer algo especial.

Tarefa

Se seus colaboradores estão prestes a concluir um projeto complicado, comece a procurar em jornais e sites por bons eventos para recompensá-los. Assim que tiver uma data de fechamento para o projeto, reserve os ingressos e o transporte.

Você pode explicar aonde vão ou pode omitir o destino, fazendo suspense. Para tornar o passeio mais divertido e memorável, alugue uma ou mais limusines, embora um ônibus também funcione. Escolha um programa popular que tenha recebido ótimas críticas e certifique-se de que terminará a tempo para que todos possam voltar para casa no horário normal.

> Se você levar seus funcionários para participar de algo interessante e divertido, eles ficarão mais propensos a aceitar suas ideias.

41
Veja se esta serve

Roupas são presentes que podem servir muito bem para recompensar colaboradores. Eles se divertirão e se sentirão reconhecidos se você os presentear com roupas, que podem ir de camisetas e cuecas até itens bem mais caros, como gravatas ou cachecóis de marca. Ao concluir um grande projeto, você pode levar ao trabalho bonés, camisetas, blusas ou agasalhos e organizar uma pequena cerimônia de entrega. Esses itens são especialmente populares quando trazem o logotipo da empresa como estampa.

Tarefa

Comece a desenvolver um inventário de roupas e acessórios a serem dados como prêmios aos seus colaboradores. Observe os hábitos de seus funcionários para descobrir que tipo de roupas eles preferem e certifique-se de que qualquer brinde da empresa esteja de acordo com a moda. Você pode encomendar os prêmios da marca de sua preferência, pela loja física ou pela internet, e usar o mesmo recurso para aplicar neles o logotipo da empresa.

Você pode associar o presente ainda mais ao seu reconhecimento se determinar um item especial para representar a mais alta condecoração da empresa, que pode ser dado para os maiores destaques de qualquer área, como vendas, financeiro, contabilidade ou recursos humanos. Esse item, que pode ser uma jaqueta ou um suéter, pode ter uma cor específica, e deve ser superior a todos os presentes dados pela empresa.

Reconhecer e recompensar seus funcionários com roupas é uma estratégia que cai bem em todo mundo.

42
Saudações

Convidar visitantes para conhecerem o setor é uma grande oportunidade para fazer seus funcionários se sentirem reconhecidos. Muitos gerentes chegam acompanhados de convidados e nem param para falar com sua equipe. Isso significa que, na prática, eles não estão apresentando realmente o departamento, pois um setor não é nada sem os seus funcionários.

Tarefa

Na próxima vez que receber visitantes, reserve alguns minutos para apresentá-los à equipe. Para tornar a experiência mais recompensadora, pense em elogiar seus colaboradores enquanto você e o visitante passam pelo setor.

Quando um gerente ignora os funcionários nessas situações, a mensagem que passa é que eles são completamente insignificantes. Basta um "Olá" para fazê-los se sentirem valorizados e apreciados. Mas parar, chamá-los pelo nome e então apresentá-los ao visitante tem um efeito ainda maior na autoestima deles.

É natural que em algumas situações você e seus acompanhantes estejam com pressa, mas mesmo assim um sorriso e um cumprimento com a cabeça podem fazer toda a diferença.

> Ao levar visitas ao setor e não cumprimentar ninguém, você na verdade está passando uma mensagem bastante negativa. Um minuto para reconhecer seus funcionários hoje pode trazer horas de satisfação amanhã.

43
Selo de aprovação

Uma das formas mais modernas de reconhecer e recompensar os profissionais que se destacam perante os demais é por meio de selos postais, prática cada vez mais popular nos Estados Unidos. É possível colocar fotos de seus colaboradores neles e então usá-los como selos comuns.*

Tarefa

Observe o desempenho de seus funcionários, selecione alguns profissionais ou um grupo que mereça a recompensa e depois tire algumas fotografias com uma câmera digital. Para tornar a recompensa mais divertida, não conte o real propósito da sessão de fotos. Não deixe de levar a câmera no dia em que distribuir esse prêmio tão original.

---

*No Brasil ainda não é possível usar esses selos personalizados em correspondências comuns. (*N. do E.*)

Esse processo começa com a escolha de uma fotografia do funcionário, grupo ou equipe premiada. Após selecionar sua imagem favorita, procure na internet por um dos inúmeros sites que oferecem o serviço. Você pode editá-la e até adicionar suas próprias palavras ou o logotipo da empresa antes de transformá-la em selo. O pedido chegará em poucos dias.

Os selos podem ser usados em cartas comerciais ou distribuídos aos colaboradores para uso pessoal. Seja como for, essa recompensa, além de única, é uma ótima forma de divulgar o excelente desempenho de seus funcionários.

> Os selos personalizados são a melhor maneira de colocar no papel o quanto seus funcionários são valorizados.

44
Uma mensagem do presidente

Se você tem funcionários ou equipes cujos desempenhos, realizações e crescimento são fora de série, uma maneira de reconhecer esses feitos à altura é fazer com que recebam uma mensagem de congratulações escrita pelo presidente da empresa. O ideal é que a nota parabenize individualmente a pessoa ou a equipe por um destaque específico e os incentive a continuar fazendo um excelente trabalho.

A mensagem pode ser enviada por e-mail ou através de uma carta impressa. As duas formas serão bem recebidas, porém cartas são escritas em papel timbrado e assinadas pelo presidente da empresa, o que as torna mais impactantes que o e-mail e faz com que sejam guardadas por muito mais tempo. É bem mais provável alguém decidir emoldurar uma carta do que um e-mail. Essa recompensa pode ser especialmente inesquecível se o presidente entregá-la em mãos e aproveitar para trocar algumas palavras com o funcionário.

Tarefa

Marque uma reunião com o presidente da empresa para tentar colocar essa ideia em prática. Fale com ele sobre os funcionários que estão se empenhando para alcançar esse tipo de reconhecimento e pergunte a opinião dele. Quando seu funcionário ou equipe atingir as metas que você definiu, entre em contato com o presidente para que eles obtenham a merecida recompensa.

Ser reconhecido pelo presidente da empresa é o maior elogio possível no mundo dos negócios e faz com que o funcionário se sinta um dos maiores profissionais de sua área.

45
Reconhecimento em quatro rodas

Se você quiser fortalecer sua política para reconhecer e recompensar funcionários, uma boa ideia é premiar os funcionários mais eficientes com o direito de usar um carro esportivo por algumas semanas. As opções mais utilizadas costumam ser o Porsche Boxster, o BMW Z4 e o Corvette.

Essa recompensa pode ser perfeita para os casos de sucesso que se baseiem em resultados concretos, como número de vendas, valor total arrecadado ou quantidade de unidades produzidas. Mas ela também pode ser usada quando outros fatores que não a produtividade forem avaliados. Uma das possibilidades é realizar um sorteio entre os funcionários que não faltaram ao trabalho nem se acidentaram por um tempo determinado.

Tarefa

Pesquise na internet ou consulte sua concessionária favorita para saber quanto custa alugar ou adquirir um desses carros. Depois que encontrar a melhor opção para a sua empresa, anuncie a novidade, sem se esquecer de expor fotos dos veículos. Quando entregar as chaves ao funcionário homenageado, a cerimônia deve ser semelhante ao batismo de um avião, com direito a uma salva de palmas de todos os colegas.

Outra possibilidade é que essa recompensa faça parte de uma política maior de reconhecimento, dando ao Funcionário do Mês o direito do uso de um desses carros durante trinta dias. Existem empresas que compram veículos para esse fim, enquanto outras preferem alugá-los.

> Para uma recompensa inesquecível que seja empolgante e repleta de charme e glamour, experiente premiar o alto desempenho de seus funcionários com o uso temporário de um carro esportivo de alto desempenho.

46
Um aumento

Para colaboradores que apresentam um bom trabalho de modo consistente, não há recompensa melhor que um aumento salarial. É uma excelente maneira de mostrar para eles que você está satisfeito tanto com o modo como cumprem metas específicas, quanto com o desempenho deles de modo geral.

Quando um de seus colaboradores merece um aumento, é bom pensar com cuidado antes de decidir um valor. Caso o valor seja baixo demais, o acréscimo pode ser considerado um insulto ou um sinal de insatisfação da sua parte. Entretanto, se for alto demais, pode acabar confundindo o profissional e deixando-o inseguro. Um aumento salarial exorbitante acaba levantando dúvidas acerca de suas intenções em relação ao aumento seguinte.

> **Tarefa**
>
> Antes de oferecer um aumento, além de rever o histórico de desempenho do funcionário, é importante também informar-se a respeito das políticas e das práticas adotadas pela empresa. Outros aspectos a serem considerados são pisos salariais, situação financeira e quaisquer dificuldades econômicas da instituição.

Uma boa oportunidade para reconhecer o colaborador surge antes mesmo que o aumento apareça em seu contra-cheque. Para aproveitá-la, marque uma reunião e expresse sua satisfação com o trabalho e a dedicação dele e diga que é um grande prazer informar que ele receberá um aumento. Encerre falando que espera que vocês tenham mais conversas como essa no futuro.

> Quando você recompensa um colaborador com um aumento salarial, está aumentando também a satisfação, a motivação, o moral e o comprometimento dele.

47
Reconheça não apenas
seus funcionários

Seus funcionários não são os únicos que fazem grandes sacrifícios quando a situação no trabalho assim exige. Muitos deles possuem cônjuges ou pessoas queridas com quem acabam passando menos tempo livre por conta desses períodos intensos. Quando essas crises se estendem por meses, a perda deixa de ser apenas na qualidade de vida e passa a ser também na quantidade de tempo.

Tarefa

Enquanto estiver cuidando das avaliações de desempenho de cada um de seus colaboradores durante esse período de horas extras, descubra o nome do cônjuge dele e então escolha um presente que possa ser aproveitado pelo casal. Assim que o ritmo de trabalho diminuir um pouco, expresse sua gratidão e envie o presente, e não se surpreenda se receber uma mensagem igualmente agradecida como resposta.

Isso significa que, além de ser necessário reconhecer seus funcionários durante esses períodos difíceis, também é preciso buscar um modo de compensar a falta dessa pessoa especial na vida deles. O melhor jeito de fazer isso é enviando uma mensagem para ela agradecendo a compreensão.

Além da mensagem, vale mandar também um presente que, de preferência, possa ser usado pelos dois, como um vale para jantar em um bom restaurante, ingressos para uma peça ou até mesmo uma viagem no fim de semana. Seu funcionário se sentirá profundamente recompensado se você fizer esse esforço a mais para reconhecer essa pessoa tão importante na vida dele.

> Ao reconhecer e recompensar a pessoa especial na vida de um funcionário dedicado, você passará uma mensagem muito especial.

48
Aqui vai uma sugestão

Caso esteja em busca de novas ideias para o setor ou a empresa e, ao mesmo tempo, procure oportunidades de reconhecer e recompensar seus funcionários, você pode alcançar esses dois objetivos de uma só vez usando uma Caixa de Sugestões. Esse recurso estimula os colaboradores a contribuírem com suas ideias, que devem ser postas em prática sempre que possível.

Uma iniciativa assim requer apoio dos gestores e o compromisso de responder cada sugestão e tentar realizar as que forem adequadas. Embora algumas empresas ainda usem a boa e velha caixinha de sugestões, muitas optam por um sistema on-line.

Tarefa

Comece hoje mesmo os preparativos para a sua Caixa de Sugestões. Adapte essa ideia às particularidades de seu setor ou empresa, reúna o material de marketing necessário para divulgá-la, cuide do sistema de sugestões, seja ele físico ou virtual, e defina quais serão as recompensas dessa iniciativa. Após conseguir a autorização de seus superiores, dê início ao projeto.

Independentemente da sua escolha, quando alguém tiver sua sugestão aceita, deve receber recompensas predefinidas – como, por exemplo, determinado percentual do dinheiro que a ideia ajudar a economizar, prêmios em dinheiro ou presentes especiais que estejam à altura da sugestão. E seja qual for a recompensa escolhida, ela sempre deve ser dada na presença dos outros colaboradores e gerentes.

Se você busca novas maneiras de reconhecer e recompensar funcionários, criar uma Caixa de Sugestões é uma ideia bastante útil.

49
Anote os elogios

Da próxima vez que um de seus colaboradores fizer algo que o agrade, você pode demonstrar sua aprovação de modo rápido e espontâneo escrevendo alguns elogios em um Post-it ou similar e prendendo-o na porta, mesa ou mesmo no monitor do profissional.

Tarefa

Reúna Post-its de cores, tamanhos e mensagens diferentes. Quando surgir a oportunidade, escreva um bilhete elogiando o comportamento positivo e deixe-o na mesa de seu funcionário. Você pode tornar essas mensagens mais especiais se, a cada vinte delas, o indivíduo receber também um vale-presente ou um cupom para jantar.

Quando você quiser proporcionar reconhecimento dessa maneira, a mensagem deve ser breve e simpática ao expressar sua gratidão e satisfação diante das ações do seu funcionário. Não deixe de tratá-lo pelo nome e assinar o bilhete.

Existem Post-its e notas autoadesivas de todos os tamanhos e cores. Você pode variar o tipo de acordo com a tarefa realizada, e pode diversificá-los ainda mais adquirindo alguns com mensagens impressas de agradecimento ou congratulações. Essas mensagens ganham um significado especial por funcionarem como indicadores de sua satisfação e, portanto, são importante fonte de reconhecimento psicológico.

> Post-its são uma forma de reconhecimento que fica grudada na memória.

50
Uma nova *newsletter*

Seja em uma versão impressa ou virtual, a *newsletter* da empresa oferece inúmeras oportunidades para reconhecer e recompensar funcionários. Embora a maioria deles leia essas notícias para ter uma ideia das mudanças e novidades na empresa, você pode aumentar o interesse das pessoas se passar a incluir matérias e fotos em que elas apareçam.

Tarefa

Reúna-se com outros gerentes para discutir a possibilidade de desenvolver uma *newsletter* na sua empresa. Faça um protótipo impresso e outro virtual e deixe o grupo decidir o melhor formato e a divisão de tarefas para sua confecção. Incentive os funcionários a participarem, pois escrever artigos pode trazer muito reconhecimento.

Cada vez que um de seus funcionários realizar uma nova conquista, você pode usar a *newsletter* para fazer a notícia chegar ao restante da empresa. Caso alguma cerimônia tenha sido realizada para celebrar os feitos do funcionário, uma pequena nota e algumas fotos podem tornar a satisfação dele ainda mais duradoura.

Uma boa ideia é criar uma seção reservada para destacar os sucessos de funcionários ou equipes, que podem ser avaliados pelo critério que você preferir: metas alcançadas, trabalho voluntário realizado, índice de faltas mais baixo etc. Para dar um ar de mistério e aumentar a expectativa, ninguém deve saber quem será o próximo destaque até que a *newsletter* seja distribuída.

> Uma *newsletter* pode fazer a empresa adotar novas formas de reconhecer funcionários, o que é uma excelente notícia.

51
Parem as máquinas!

Se quiser uma forma mais pública de reconhecimento para seus colaboradores, o jornal pode ser um ótimo veículo para divulgar as realizações e as vitórias deles. Muitos dos feitos de seus funcionários são de fato notícias, sejam eles realizados dentro ou fora do horário de trabalho, e podem originar matérias excelentes na seção de negócios ou em alguma coluna. Além disso, algumas dessas seções publicam colunas periódicas que tratam de promoções e outros avanços de funcionários, e que podem ser perfeitas para o seu caso.

Tarefa

Relembre os últimos sucessos de seus colaboradores e veja se algum deles pode se tornar um grande destaque. Se for o caso, faça anotações sobre o assunto, entre em contato com o jornal de sua cidade e peça para falar com o repórter ou colunista que escreve sobre esse tema. Alguns jornais têm colunistas que convidam leitores a enviar suas histórias, o que pode ser ideal para a sua empresa.

Os colaboradores que forem mencionados se sentirão orgulhosos e entusiasmados. Afinal, esse reconhecimento virá de você e da comunidade como um todo. Curiosamente, seus outros funcionários também vão se sentir orgulhosos pelo simples fato de trabalharem com os que foram mencionados no jornal.

> Quando os funcionários veem seus nomes no jornal, essa é uma notícia que fica impressa em suas mentes.

52
Anuncie reconhecimento

A propaganda é outra forma de usar a mídia para fazer seus funcionários se sentirem reconhecidos. É possível comprar anúncios de praticamente qualquer tamanho nas seções de negócios na maioria dos jornais e revistas do ramo. Esses anúncios podem chamar a atenção e conquistar elogios para indivíduos ou grupos de funcionários por conta de seus desempenhos espetaculares.

Tarefa

Fique atento a esses tipos de anúncios em jornais. Comece a arquivá-los e prepare-se para redigir o seu quando um dos seus funcionários merecer esse tipo de consagração. Entre em contato com os jornais para se informar sobre a tabela de preços e comece a procurar uma empresa para posteriormente emoldurar o anúncio.

Esse modo de obter reconhecimento é o mais indicado e eficaz quando os funcionários têm altos índices de venda ou produtividade. Esse também é um excelente modo de expressar reconhecimento quando funcionários são promovidos para cargos mais altos ou completam grandes projetos, além de funcionar também como uma distinção para o funcionário ou a equipe que já tenha sido homenageado por outras organizações, fazendo trabalho voluntário em hospitais ou centros comunitários.

> Um anúncio de congratulações passa uma mensagem positiva não apenas sobre os funcionários homenageados, mas a respeito da empresa como um todo.

53
Escreva suas próprias manchetes

Embora a maioria dos jornais provavelmente não vá querer noticiar os feitos de seus colaboradores na primeira página, há uma maneira divertida de fazer com que isso aconteça. É possível utilizar o design genérico da primeira página de um jornal famoso e imprimir a manchete que você quiser.

Essas manchetes falsas são um modo criativo de reconhecer os sucessos especiais de um profissional. Por exemplo, quando a equipe esportiva da empresa vencer ou perder uma partida importante, ou um funcionário produzir a maior quantidade de papel reciclado, você pode registrar o fato com uma manchete bem-humorada.

Tarefa

Veja quais de seus funcionários alcançaram uma meta divertida ou estão prestes a fazê-lo. Escreva algumas manchetes engraçadas sobre o tema e depois pesquise na internet alguma empresa que ofereça o serviço de impressão necessário. Faça o pedido e comece a organizar a festa.

A melhor hora para distribuir esses jornais é durante uma celebração informal, talvez quando todos estiverem almoçando uma pizza. Não se esqueça de pedir para alguém fotografar o grupo exibindo orgulhosamente a notícia que estrelaram.

> As manchetes divertidas podem dar o devido destaque às suas recompensas criativas e inovadoras.

54
Almoço executivo

Um modo de fazer seus funcionários se sentirem reconhecidos e ao mesmo tempo melhorar a comunicação, a produtividade e a motivação é convidar o presidente da companhia ou outro profissional bem-sucedido para um almoço informal com os funcionários. Esses almoços, que podem ocorrer uma vez por mês, devem ser bastante leves, já que o alimento mais importante a ser digerido é a informação.

Os gerentes seniores terão oportunidade de discutir temas relevantes, novas tendências, o crescimento e os planos da empresa, além de poderem ouvir sugestões e responder às perguntas dos funcionários.

Tarefa

Reúna-se com o presidente da empresa ou um gerente sênior para discutir os benefícios que essas reuniões mensais trariam e tente colocar a ideia em prática. Em geral, os melhores dias para esses almoços são a última sexta-feira de cada mês, mas isso varia de acordo com as características de cada empresa. Marque o compromisso em seu calendário e avise aos funcionários.

As pessoas apreciam a oportunidade de se manterem atualizadas e também valorizam a chance de trocar ideias com seus superiores. Em um nível mais profundo, esse tipo de diálogo faz os colaboradores sentirem que seus superiores os valorizam e consideram suas opiniões e sugestões fundamentais para o sucesso da empresa.

Quando o presidente da empresa ou outra figura expressiva participa de almoços mensais com os funcionários, essa expressão de reconhecimento é como uma vacina que torna os funcionários imunes a males corporativos como alienação, frustração e tédio.

55
De igual para igual

Embora se sentir reconhecido por você e outros superiores contribua bastante para a autoestima de um funcionário, obter o reconhecimento dos colegas também é muito importante. Esse tipo de feedback é ainda mais significativo para quem o recebe porque, em geral, os companheiros de trabalho estão mais bem informados sobre sentimentos, desafios, atividades e vitórias diárias de um funcionário do que seu chefe.

Uma excelente maneira de proporcionar esse tipo de reconhecimento é realizar reuniões exclusivamente dedicadas à troca de opiniões sobre os colegas, cuja única regra deve ser que o feedback tenha como foco aspectos positivos do desempenho de cada um, discutindo suas qualidades e contribuições. Os funcionários devem preparar suas anotações com antecedência, organizando-as em pequenos cartões, de modo que cada cartão se refira a um colega.

Tarefa

Marque o melhor dia para essa reunião, comunique a seus funcionários e distribua os cartões. Tente preparar a sala de reuniões de modo que as cadeiras fiquem em círculo, sem nada no meio. Dessa maneira a conversa ganha uma atmosfera igualitária, perfeita para a ocasião.

Durante a reunião, você deve ler todos os cartões sobre cada funcionário e o grupo pode fazer novos comentários se desejar. Ao fim da reunião, entregue a cada indivíduo os cartões a respeito dele. Eles ajudam a tornar os benefícios desta técnica de reconhecimento ainda mais duradouros.

> Estimular o reconhecimento dos colegas é uma recompensa para quem dá e para quem recebe.

56
Feliz aniversário!

Não importa a frequência com que você se preocupe em expressar sua gratidão, todo funcionário tem um dia especial no qual deve ser sempre reconhecido: o seu aniversário de admissão na empresa. Celebrar essa data é uma forma de reconhecer um ano inteiro de comprometimento, empenho e envolvimento com o trabalho, o que faz com que eles se sintam mais confiantes a respeito de tudo o que conquistaram nesse período, além de construir a base para futuros sucessos.

> **Tarefa**
>
> Verifique qual foi o dia de admissão de cada um de seus colaboradores e marque-o em seu calendário para não se esquecer de celebrar a data. Comece a planejar agora mesmo as comemorações dos funcionários que vão completar cinco ou dez anos na empresa. Caso algum de seus funcionários já tenha completado esse tempo, inclua-o na cerimônia e dê a ele placas e presentes retroativos.

Com o passar dos anos, as recompensas devem ser maiores. Por exemplo, quando um funcionário completar cinco anos na empresa, o dia pode ser celebrado com um almoço, onde ele pode receber uma placa emoldurada e um presente, como um jantar em um restaurante especial. A cada cinco anos a comemoração e os presentes devem ser mais elaborados.

> Ao fazer comemorações oficiais quando os funcionários completam um novo ano de admissão, você os está ajudando a apreciar tudo o que fizeram pela empresa e o que a empresa fez por eles.

57
Sábio em relação aos sabáticos

Se um dia de folga ocasional pode ser muito recompensador, imagine a diferença que alguns meses podem fazer. Um período sabático pode ser o prêmio ideal para os funcionários que atingiram um marco especial como, por exemplo, dez anos na empresa.

Tarefa

Dê uma olhada em quais dos seus funcionários estão prestes a completar dez ou 15 anos na empresa. Calcule os custos de oferecer a esses indivíduos um período sabático de três meses, mas, se for necessário, considere propor um intervalo mais curto. Em seguida, caso seja possível, selecione os indivíduos que merecem a recompensa, comece a pensar em funcionários temporários para substituí-los, escolha o período mais conveniente a eles e deixe-os começar as merecidas férias.

O período sabático é a maior recompensa que você pode dar para reconhecer a lealdade e a dedicação de seus funcionários. Com um número crescente de pessoas que buscam o equilíbrio entre vida profissional e pessoal, o período sabático proporciona a oportunidade única de passar muitos momentos de qualidade ao lado da família e de outras pessoas queridas.

Quando tiram esse tempo para si, os funcionários voltam relaxados e com as baterias recarregadas, e também têm a chance de tirar da cabeça as intrigas profissionais que porventura estivessem limitando sua visão e impedindo-os de pensar fora da caixa. Eles retornam sentindo-se reenergizados, revigorados e recompensados.

> Um período sabático de três meses proporciona um período muito mais longo de satisfação.

58
Quando a oportunidade bate à porta

Às vezes a oportunidade para reconhecer e recompensar colaboradores parece cair do céu. Ela surge, por exemplo, quando o funcionário deseja falar sobre algo que o deixou especialmente orgulhoso. Podem ser os detalhes de um determinado projeto, uma foto de viagem ou até mesmo o desenho que ganhou de presente do filho.

> **Tarefa**
>
> Tente se lembrar de situações recentes em que um de seus funcionários se aproximou e descreveu com orgulho determinado item ou acontecimento, mas você se mostrou um pouco indiferente. Vá até essa pessoa e peça para ver o desenho, a foto ou o que mais ela tenha desejado mostrar antes. Dê ao item a devida atenção, e, ao funcionário, o devido reconhecimento.

Nessas situações, muitos gerentes respondem apenas com um "Que legal" pouco entusiasmado, e o funcionário sente de imediato que seu gerente não está interessado no assunto e que, portanto, não se interessa por ele.

Na próxima vez que seu funcionário mencionar algum feito ou acontecimento, dentro ou fora do trabalho, não deixe de demonstrar interesse pelo que ele tem a dizer. Se há algo a ser visto, veja; se há algo a ser lido, leia; se há algo a ser ouvido, ouça. Ele está solicitando o seu reconhecimento, e é importante que você atenda ao pedido.

> Você pode gastar horas procurando oportunidades de reconhecer e recompensar colaboradores, mas não se esqueça de que essas oportunidades também estão procurando você.

59
Saia em busca de oportunidades

Além de agarrar as oportunidades que entram em sua vida, é importante que você saia à procura delas. Se sair de sua sala e der uma volta no escritório, encontrará inúmeras chances de fazer seus funcionários se sentirem reconhecidos.

Basta visitar a sala, a área de trabalho ou a mesa deles e ficar atento. As oportunidades surgirão em diversas formas: novas fotos, certificados e objetos, ou, então, comentários sobre o sucesso recente de uma pessoa querida.

É fácil iniciar conversas sobre as boas novidades, e discutir esses assuntos é uma recompensa por si só. Mas fazer elogios e comentários positivos sobre esses temas é uma forma espontânea e personalizada de reconhecimento que vai fazer com que seus funcionários se sintam satisfeitos, orgulhosos e motivados.

Tarefa

Organize-se para percorrer o setor inteiro todos os dias. É preciso cumprimentar todos os funcionários e passar alguns minutos conversando com eles – mas não os mesmos diariamente. Tente descobrir que feitos e novidades merecem seu reconhecimento, e não deixe de proporcioná-lo.

> Se sair em busca de oportunidades para recompensar seus colaboradores, não será preciso ir muito longe.

60
Renomeie

Uma das maneiras mais importantes de reconhecer o empenho, as contribuições e a produtividade de um funcionário é por meio do título de seu cargo. Embora seja aceito que o título define o cargo de uma pessoa, é preciso lembrar que ele também define o profissional que ocupa o cargo.

Tarefa

Avalie o desempenho de cada membro de sua equipe e considere renomear ou criar novos cargos para recompensar funcionários que superaram as suas expectativas. Uma boa ideia é adicionar palavras como "sênior" ou "executivo" a posições já existentes. Faça todos os ajustes necessários para que os cargos correspondam às funções de cada um.

Cada indivíduo desempenha papéis distintos em situações diferentes em sua própria vida. Por exemplo, o papel de pai, mãe, irmão, irmã, amigo, instrutor e muitos outros. Como as pessoas em geral passam a maior parte de seus dias no trabalho, o título do cargo que ocupam é fundamental para definir quem elas são.

Se algum de seus funcionários costuma ser proativo e realiza tarefas além de suas atribuições, alterar o nome do cargo dele pode ser uma recompensa duradoura e de grande visibilidade, e que será muito apreciada.

> Ao dar a seus funcionários cargos mais altos, você também contribui para a elevação da autoestima, da satisfação e até mesmo do rendimento deles. Não se esqueça: as pessoas muitas vezes produzem de acordo com o título de seus cargos.

61
Exiba seus funcionários

Uma estratégia única para que seus funcionários se sintam reconhecidos como indivíduos é fazer com que eles figurem nas publicações da empresa. Usar fotos de funcionários em anúncios, relatórios anuais, folhetos informativos e panfletos da empresa passa uma mensagem extremamente positiva.

Tarefa

Analise as fotografias que são utilizadas nesses panfletos, folhetos e outros materiais de divulgação de sua empresa e circule aquelas que facilmente poderiam mostrar seus colaboradores. No próximo boletim informativo, sugira que sejam utilizadas fotos de funcionários e tenha algum nome em mente.

A oportunidade de aparecer nos materiais da empresa mostra aos funcionários que seus gerentes se orgulham deles e os veem como o melhor modo de explicar o que a empresa realmente representa. Além disso, quando essas fotografias são utilizadas em material promocional, os empregados também ficam com a sensação de que seus superiores não veem necessidade em contratar modelos deslumbrantes, o que poderia ser encarado como uma crítica às suas aparências. As pessoas se sentem orgulhosas com o simples convite para fazer parte das publicações e, quando se veem nas fotos, se sentem verdadeiras estrelas. O sentimento não deixa de ser apropriado, pois é o que elas são.

Quando são usadas fotos de funcionários no material de divulgação da empresa, os efeitos positivos duram mais que a publicação em si, o que dá um novo sentido à expressão "memória fotográfica".

62
Pessoas queridas

Outra excelente maneira de recompensar funcionários é reconhecer eventos, conquistas e datas importantes das pessoas especiais nas vidas deles. Essas pessoas podem ser cônjuges, filhos, namorados, pais ou mesmo sogros. Os eventos e as conquistas podem ser representados na forma de graduações, promoções, aniversários e muitos outros tipos de vitórias.

Tarefa

Fique atento aos acontecimentos importantes na vida das pessoas queridas de seus funcionários. Quando escutar um deles mencionar alguma novidade, diga que deseja enviar uma mensagem de parabéns e divulgue a notícia no quadro de avisos ou site da empresa. Em seguida, envie um e-mail a todos os seus funcionários comunicando que gostaria de ser informado a respeito de futuros acontecimentos como esse para que possa enviar suas congratulações.

Você pode aproveitar qualquer uma dessas datas para demonstrar reconhecimento e enviar um bilhete de congratulações ao seu funcionário. Também pode exibir sua mensagem no site da empresa ou na Parede da Fama, e deve escrever parabenizando essa pessoa especial na vida de seu colaborador.

Ao reconhecer o sucesso de alguém tão importante para ele, você faz com que seu funcionário se sinta reconhecido e orgulhoso. Esse tipo de atitude serve para demonstrar seu comprometimento com o equilíbrio entre vida pessoal e profissional.

> Ao reconhecer eventos, conquistas e datas importantes das pessoas especiais na vida de seus funcionários você cria um ambiente mais familiar em casa e no trabalho.

63
Festeje as datas comemorativas

As datas comemorativas proporcionam muitas oportunidades de fazer seus colaboradores se sentirem valorizados. Por exemplo, o dia da Independência é uma ótima ocasião para realizar o piquenique da empresa. Um grupo de funcionários pode ser selecionado para organizar o evento, o que torna a experiência recompensadora para eles, enquanto o restante se sentirá recompensado pelo evento em si.

> ### Tarefa
>
> Olhe as datas comemorativas do próximo ano e marque em seu calendário as que poderiam ser celebradas de modo especial. Elabore um orçamento e pergunte aos funcionários quem gostaria de se voluntariar para organizar o evento. Quando o dia da comemoração chegar, não se esqueça de parabenizar os organizadores na frente de todos.

Os colaboradores ficam felizes em receber cupons para compras de Natal, assim como apreciam eventos para celebrar a Páscoa, o Dia das Mães e o dos Pais ou as festas juninas. O tipo de comemoração vai depender do seu gosto, do de seus colaboradores e do orçamento da empresa. Uma festa à fantasia com direito a concurso da fantasia mais criativa durante o Carnaval é uma maneira divertida e econômica de fazer os funcionários proporcionarem reconhecimento uns aos outros.

Quando uma empresa deixa essas datas passarem em branco, muitos funcionários levam para o lado pessoal. Mas quando elas recebem a devida atenção, os funcionários continuam a levar para o lado pessoal – mas como um elogio!

> Nos feriados, o reconhecimento não deve tirar férias.

64
Ajude seus funcionários

Seja qual for o ramo de sua empresa, sempre existem projetos cuja complexidade trará dúvidas aos seus colaboradores. Uma opção é esperar que eles venham pedir ajuda a você, mas, caso circular pelo escritório seja um de seus hábitos, o problema ficará aparente muito antes disso.

Tarefa

Analise os projetos e desempenhos de seus funcionários, verifique se algum deles parece estar enfrentando desafios e, delicadamente, ofereça ajuda. No futuro, tente analisar as tarefas que está passando para os membros da sua equipe, revise o desempenho de cada um em projetos anteriores e pense em fazer algumas mudanças no caso dos indivíduos que vêm sentindo dificuldades.

Quando perceber que existem dificuldades, aproxime-se de seu funcionário e ofereça ajuda. Isso fará com que ele se sinta imediatamente reconhecido, pois perceberá que você tem consideração suficiente para convidá-lo a trabalharem juntos lado a lado. Esse é um verdadeiro voto de confiança.

Trabalhar diretamente com um subordinado também é útil para conhecer motivações, estilos de trabalho, padrões e objetivos pessoais. Essas informações podem ser muito úteis no futuro, quando você estiver buscando uma maneira de reconhecê-los e recompensá-los.

> Sempre que você age para ajudar seus subordinados, eles agem para melhorar sua produtividade.

65
Uma salva de palmas

Outra maneira divertida de reconhecer seus funcionários é dar a eles uma calorosa salva de palmas quando terminarem uma tarefa especialmente cansativa e enfadonha. Embora o som de uma pessoa aplaudindo não costume ecoar pelos corredores, o som dos aplausos de seu próprio gerente vai ecoar em suas mentes por um bom tempo. E se outros gerentes envolvidos direta ou indiretamente no projeto se juntarem a você, melhor ainda.

Para o colaborador, isso é quase como ser aplaudido de pé. Uma das maiores expressões de reconhecimento, respeito e recompensa psicológica que uma pessoa pode dar a outra.

> **Tarefa**
>
> Se você tiver um funcionário que acabou de encerrar um projeto complicado, reúna-se com outros gerentes envolvidos nessa atividade e combinem o seguinte: entrem na sala ou área de trabalho dele sem dizer nada e, então, deem uma grande salva de palmas. A partir desse ponto, você está por conta própria, e seu empregado estará nas nuvens.

Quando o profissional recebe uma salva de palmas de seu gerente, não consegue deixar de sorrir. Esse sorriso é uma mistura do orgulho despertado nele, da comicidade do momento e do profundo sentimento de reconhecimento e gratificação ao saber que o seu empenho foi realmente notado e apreciado.

> Uma salva de palmas calorosa pode representar muito mais do que um discurso pomposo.

66
Já era hora!

Outra ótima maneira de reconhecer e recompensar funcionários é permitir certa flexibilidade em seu horário de trabalho. É claro que essa permissão depende de várias questões, em especial do desempenho de cada um e da interdependência de suas atribuições.

Tarefa

Reveja os papéis, as responsabilidades e o desempenho de seus colaboradores, e avalie se há necessidade de eles estarem presentes em seu local de trabalho todos os dias. Caso você conclua que a flexibilidade é uma recompensa merecida e não acarreta problemas operacionais, tente testar durante os próximos três meses uma política que dê a seus funcionários certa liberdade em relação ao horário de entrada e saída. Ao fim desse período, basta analisar o desempenho de todos e você não terá dificuldades em decidir sobre o futuro dessa política.

Dependendo desses fatores, uma política de flexibilização dos horários pode ser muito gratificante para todos os envolvidos. Em geral, esses programas definem uma faixa temporal durante a qual os colaboradores devem obrigatoriamente estar no trabalho, enquanto os horários de entrada e saída ficam livres. Eles apreciam não só a liberdade, mas também o fato de os gerentes reconhecerem o equilíbrio entre individualidade e vida profissional.

Outra possibilidade é instituir o *home office*, isto é, trabalhar de casa. Não precisa ser um caso de "tudo ou nada", pois você pode estruturá-lo para que os colaboradores fiquem em casa ou compareçam ao trabalho com a frequência que for mais conveniente para o setor e a empresa.

> Quando você torna o horário de trabalho mais flexível, os funcionários não veem a hora de agradecer a recompensa.

67
Objetive os objetivos

Não há dúvida de que ter objetivos é uma grande motivação, e o reconhecimento íntimo e exterior que uma pessoa sente e recebe quando consegue atingir suas metas é um estímulo ainda maior. Você pode criar as bases para essas importantes formas de reconhecimento pessoal e recompensas psicológicas ajudando seus colaboradores a estabelecerem metas e fornecendo o treinamento e a orientação necessários para alcançá-las.

> **Tarefa**
>
> Quando chegar a época de escrever os relatórios de desempenho de seus colaboradores e você tiver terminado a tarefa, marque uma reunião com cada um deles para que possam discutir e definir as metas do próximo ano. Antes dessa conversa, é preciso traçar algumas metas para seus funcionários, e eles devem fazer o mesmo. Durante o encontro, debatam o assunto e façam as alterações necessárias, mas você deve ter a última palavra. Depois, comece a orientá-los.

No entanto, é importante se certificar de que os objetivos de seus funcionários sejam metas realistas, e não apenas sonhos. Um objetivo real é claro, específico, prioritário e mensurável, tem seu progresso monitorado e possui um prazo final.

Ao dedicar seu tempo trabalhando diretamente com funcionários para ajudá-los a traçarem suas metas, você está dizendo que as possíveis contribuições deles para a empresa são muito valiosas. E, em um nível mais profundo, está assegurando que *eles* são de grande valor.

O reconhecimento é obtido não apenas na hora de alcançar as metas, mas também no momento de traçá-las.

68
Vamos almoçar

Dar a seus colaboradores a oportunidade de passar bons momentos a sós com você é criar a chance de proporcionar a eles reconhecimento de qualidade. Uma excelente maneira de fazer isso é almoçar sozinho com cada membro de sua equipe pelo menos uma vez a cada três meses.

Tarefa

Pergunte sobre os compromissos de seus colaboradores nos dois próximos meses e marque um almoço com cada membro da sua equipe. Como você é a pessoa que convidou, deve fazer as reservas, providenciar o transporte e, é claro, pagar a conta. Se o seu colaborador tiver um restaurante favorito nas redondezas, almoçar nele tornará a recompensa ainda mais personalizada.

O almoço deve acontecer fora da empresa, em um dos melhores restaurantes da região. A conversa pode ser sobre qualquer assunto: trabalho, turismo ou futebol.

O simples convite para almoçar revela alto grau de apreciação, interesse e reconhecimento, o que faz com que as pessoas comecem a se sentir valorizadas bem antes da hora do almoço. Se você passar esse tempo conversando com seu funcionário e realmente ouvir o que ele tem a dizer, fará com que ele termine a refeição se sentindo orgulhoso, importante e respeitado, e esses sentimentos estão entre os prêmios mais significativos que você pode oferecer.

> Há funcionários famintos por reconhecimento; um almoço a sós é a melhor maneira de satisfazer esse apetite.

69
Saúde!

Quando um de seus funcionários executar uma tarefa extremamente bem e você quiser brindar à excelência dele, experimente fazer isso com garrafas de vinho ou água. Aliás, para obter maior impacto é melhor levar um engradado. A natureza celebratória do vinho já está consagrada há centenas de anos, mas talvez você esteja se perguntando qual o papel da água nessa comemoração.

Tarefa

Avalie o desempenho e o estilo de seus colaboradores, e caso um ou dois mereçam ser reconhecidos de um jeito divertido, procure na internet por empresas que desenvolvam garrafas e rótulos personalizados. Prepare o material, as fotos e algumas palavras de elogio, e não se esqueça: recompensas desse tipo devem ser servidas na presença de outras pessoas.

Como já era de se esperar, a sugestão não é bem o que parece: atualmente é possível comprar água e vinho com rótulos personalizados pelo cliente, e que podem conter nome e foto do colaborador, ou o que mais você desejar.

Personalizar uma recompensa dessa maneira faz com que as garrafas de vinho e água assumam um significado muito maior. Por um lado, é simplesmente divertido ver uma foto sua e palavras de elogio nessas garrafas. Em um nível mais profundo, entretanto, essa recompensa demonstra que você quer dar a seus colaboradores algo especial e ajudá-los a se sentirem especiais.

> Os colaboradores com sede de reconhecimento vão adorar receber garrafas de vinhos e de água com rótulos personalizados.

70
É melhor pesquisar

É muito gratificante para colaboradores de todos os cargos terem a oportunidade de apresentar suas opiniões e sugestões a respeito de inovações e outras questões em seu setor e na empresa em geral. Embora você possa estimular as sugestões – e o sentimento de reconhecimento que vem como consequência – sendo acessível, visível e atento aos funcionários, um meio mais formal e institucionalizado de garantir esses e outros benefícios são as pesquisas de opinião.

> **Tarefa**
>
> Há diversos profissionais que prestam esse serviço, mas se preferir formular seu próprio questionário, procure na internet modelos de pesquisas de opinião de funcionários. Há muita informação disponível para ajudá-lo a definir as questões apropriadas, estabelecer a melhor maneira de distribuir, recolher e analisar seu questionário e, por último, tomar as medidas necessárias.

As pesquisas de opinião são questionários anônimos, que podem ser virtuais ou impressos, e em geral combinam uma série de perguntas abertas e de múltipla escolha para investigar preferências, insatisfações e sugestões das pessoas. Existem muitas pesquisas genéricas disponíveis, além de profissionais especializados que podem ajudá-lo a desenvolver, conduzir e avaliá-las.

O simples fato de participar da pesquisa faz com que os colaboradores se sintam bastante reconhecidos, e eles se sentem ainda mais valorizados com as mudanças e melhorias que ocorrem posteriormente.

> As pesquisas de satisfação apresentam muitas perguntas, mas não há dúvida de que proporcionam informações, melhorias e valiosas recompensas.

71
O valor do vídeo

Um número cada vez maior de empresas vem preparando pequenos vídeos institucionais nos quais seus funcionários aparecem. Como resultado, esses profissionais passam a, literalmente, ver a si mesmos como um sinal de reconhecimento.

Tarefa

Conte aos funcionários sobre seu interesse em fazer um vídeo institucional e veja se há algum cineasta voluntário. Se alguém se oferecer, peça para ver o portfólio dele. Talvez você prefira pesquisar antes na internet sobre empresas que ofereçam o serviço. Seja qual for sua decisão, não deixe de esclarecer suas preferências sobre estilo, conteúdo e de combinar prazos e um orçamento.

O vídeo pode ser desenvolvido internamente ou ter sua produção terceirizada. Embora os profissionais sempre possam fazer um trabalho de nível profissional, muitas empresas têm colaboradores que são cineastas potenciais e que sabem utilizar câmeras e equipamentos acessíveis para fazer um excelente trabalho. Caso o filme seja produzido por membros da própria equipe, isso trará futuras oportunidades para que sejam ainda mais reconhecidos.

A ideia do vídeo é que os cineastas circulem pela empresa com a câmera na mão, filmando sem roteiro os funcionários trabalhando, fazendo uma pausa nos bebedouros e entrevistando alguns deles. O vídeo pode ser utilizado em conferências, palestras informativas, reuniões ou outros eventos que atraiam clientes, fornecedores, familiares ou visitantes. No entanto, a estreia deve ser feita para todos os colaboradores.

> Quando se trata de vídeos corporativos, os funcionários apreciam o reconhecimento de estar sob os holofotes.

72
Recompense as recomendações

Se decidir envolver os colaboradores no processo seletivo de outros candidatos e oferecer recompensas e reconhecimento para quem fizer boas indicações, não são apenas os dois lados que saem ganhando, mas os três.

Tarefa

Se você não tem uma política estruturada para recompensar indicações bem-sucedidas de colaboradores, crie uma hoje mesmo. Só é preciso estipular o valor do prêmio, o tempo mínimo de permanência na empresa e preparar a documentação a ser preenchida pelo candidato. Se sua empresa já tiver essa prática, divulgue-a novamente para os funcionários, pois iniciativas assim precisam ser relembradas esporadicamente.

A empresa se beneficia ao conseguir contratar bons candidatos por um custo muito inferior ao do recrutamento típico. O segundo beneficiado é o candidato que consegue o emprego.

O terceiro a sair ganhando pode ser o colaborador que fez a indicação. Ele recebe um prêmio em dinheiro caso o recém-contratado permaneça na empresa por um período predeterminado de tempo como, por exemplo, três meses. Dependendo do cargo, o valor da recompensa varia. Além disso, contratar candidatos que foram indicados por seus funcionários demonstra seu respeito e confiança no julgamento deles, o que torna qualquer recompensa ainda mais doce.

Trabalhar com amigos é sempre recompensador, especialmente se a empresa tiver uma política de recompensas.

73
Mentores motivam mudanças

Embora os programas de treinamento sejam uma excelente maneira de ajudar no desenvolvimento e progresso dos colaboradores, é importante lembrar que eles também representam excelentes oportunidades de expressar reconhecimento.

Tarefa

Observe seus colaboradores recém-contratados e outros que não estejam se saindo bem, e procure também os que tenham um bom desempenho e costumam ser abordados por colegas para dar conselhos e ajuda. Esses últimos funcionários são os líderes naturais, que devem ser colocados como mentores. Ofereça a eles a oportunidade, juntamente com um aumento salarial, e, caso aceitem, coloque-os para auxiliar os colaboradores em dificuldades e recém-contratados.

Quando a gerência disponibiliza mentores, passa imediatamente a mensagem de que se preocupa de verdade com os funcionários e com o seu sucesso. Mostra que os superiores estão fazendo um esforço a mais para que seus profissionais possam aprender, crescer e alcançar suas metas, e os funcionários, por sua vez, encaram a medida como um gratificante voto de confiança em suas competências, habilidades e potencial.

Além disso, devido à natureza da aula particular, o mentor aplica um dos conceitos educacionais mais importantes de hoje, que é formação adaptada ao estilo de aprendizagem do indivíduo. Isso leva a diversos benefícios: aprendizagem rápida, sucesso e, em seguida, o reconhecimento e recompensas merecidos. Um programa como esse também é gratificante para os mentores, porque eles são reconhecidos e também recebem um bônus salarial.

> Os mentores são capazes de dar e receber reconhecimento ao mesmo tempo.

74
Monte uma força-tarefa

Toda empresa tem dificuldades, preocupações e problemas que deveriam ser resolvidos mas nunca recebem a devida atenção. Por exemplo, a política sobre licença médica pode estar ultrapassada, alguns locais do escritório podem ser muito quentes ou muito frios, certos suprimentos podem estar em falta ou talvez haja excesso de troca de e-mails dentro da empresa.

> **Tarefa**
>
> Tente encontrar esses pequenos problemas que vêm sendo negligenciados, mas que ainda precisem de solução. Selecione o funcionário de cargo mais alto e um grupo diversificado de colegas para formarem uma equipe que resolva definitivamente essas questões. Marque reuniões esporádicas para garantir que os membros estão no caminho certo em relação ao cronograma, planejamento e orçamento. Quando o projeto estiver concluído, aproveite um momento em que muitos funcionários estejam reunidos para parabenizar cada um dos membros dessa força-tarefa.

Existe uma forma comprovada de gerar excelentes soluções para esses assuntos e, ao mesmo tempo, criar ótimas oportunidades para reconhecer colaboradores. Esses tipos de pequenos problemas antigos podem ser identificados, analisados e resolvidos por uma força-tarefa de funcionários. Quando são convidados para a tarefa, os profissionais apreciam o simples reconhecimento ao terem sido convidados para a equipe de resolução de problemas, e também ficam contentes ao terem suas contribuições reconhecidas pelos superiores ao fim do projeto.

> Quando os funcionários se tornam parte de uma equipe para resolver problemas que existem há muito tempo, o reconhecimento que recebem com a experiência costuma ser duradouro.

75
O que você achou?

Se quiser tomar boas decisões na hora de contratar novos colaboradores e ao mesmo tempo fazer com que os antigos se sintam reconhecidos, uma das melhores estratégias é incluí-los no processo seletivo de candidatos. Para eles, é muito gratificante exercer esse tipo de papel, pois é um sinal de que você confia na competência, no profissionalismo e no bom senso deles.

Tarefa

Na próxima vez que você estiver selecionando candidatos, convide os seus favoritos para serem entrevistados por alguns de seus funcionários. Chame dois ou três dos seus melhores colaboradores para fazerem a entrevista, e peça para que eles se limitem a questões relacionadas ao trabalho, conversem sobre o histórico profissional do candidato e aproveitem para fazer algumas perguntas que tenham a ver com as possíveis funções do indivíduo na empresa.

Pesquisas indicam que os empregadores tomam decisões mais acertadas quando os candidatos são entrevistados por diferentes membros da equipe. Por mais que você saiba o que é necessário para progredir na empresa, seus funcionários podem dar contribuições interessantes. Afinal, várias cabeças pensam melhor do que uma.

Os funcionários devem participar das entrevistas dos candidatos que já tenham sido pré-selecionados por você. Depois, reúnam-se para trocar opiniões. Para que esse processo funcione de verdade é preciso considerar cuidadosamente o que sua equipe tem a dizer.

> Os melhores funcionários sabem identificar os melhores candidatos, e se sentem pessoalmente reconhecidos quando são convidados para realizar essa tarefa.

76
O poder das flores

Uma bela forma de recompensar um colaborador que tenha florescido no emprego é dar a ele um colorido buquê de flores. Essa é uma maneira animada e positiva de mostrar o quanto você aprecia o seu crescimento.

Tarefa

Se um de seus funcionários tiver feito grandes avanços recentemente, dê a ele um buquê de flores acompanhado de um presente especial ou de um vale-presente. Todos sabem que existem flores nos mais diversos e belíssimos tons, de modo que você pode se inspirar e colocar notas de dinheiro de várias cores dentro do envelope com o vale-presente.

Por causa de sua beleza e fragrância, as flores continuam a despertar por muitos dias os bons sentimentos que o funcionário vai associar a essa expressão de reconhecimento. Além disso, flores em um escritório chamam muita atenção, e a maioria das pessoas que passar pela mesa dele estará inclinada a fazer um comentário positivo, o que faz o indivíduo se sentir ainda mais valorizado e reconhecido.

Se quiser acrescentar um "algo mais" nessa recompensa tão especial, experimente usar outra coisa que não um laço de fita para prender o buquê. Por exemplo, um relógio ou um cinto pode servir muito bem.

> As flores despertam todos os sentidos, e por isso são uma recompensa de muito bom senso.

77
Faça mais em nome dele

Caso esteja procurando uma nova forma de reconhecer e recompensar seus colaboradores sem deixar de ajudar a comunidade, uma ótima opção é fazer doações a instituições de caridade em nome de seu funcionário. Doações como essas são uma maneira importante de colocar seu altruísmo e generosidade em sintonia com os de sua equipe.

Tarefa

Diga a seus funcionários que você gostaria de fazer doações para as instituições de caridade que eles escolherem. Quando tiver a lista de sugestões, guarde-a para usar da próxima vez que desejar comemorar um sucesso especialmente significativo.

Essa é a comemoração perfeita para quando um funcionário ou a equipe alcançar metas importantes ou receber uma grande honra ou distinção, seja na empresa ou fora dela.

Se decidir fazer uma doação em nome deles, seus funcionários se sentirão reconhecidos em diversas esferas da vida. Além de se sentirem valorizados por você, eles recebem a gratidão da instituição escolhida e a apreciação de cônjuges, pessoas queridas e outros colegas de trabalho que ficarem sabendo da doação.

> Quando seus funcionários alcançarem o merecido
> sucesso, procure uma instituição que mereça a sua ajuda.

78
Saia mais cedo

Outra ótima ideia para reconhecer e recompensar seus colaboradores é encerrar o expediente um pouco mais cedo na véspera de feriados e fins de semana prolongados. Embora essa recompensa dependa do volume de trabalho e da atividade exercida pela empresa, existem algumas grandes vantagens em liberar os funcionários antes do horário normal.

Tarefa

Se não houver motivos para cumprirem o expediente normal antes dos feriados ou fins de semana prolongados, e seus colaboradores estiverem com um rendimento exemplar, libere-os mais cedo. Não deixe de dizer que tomou essa decisão porque eles têm se esforçado muito, e que você vai tentar fazer isso outras vezes se continuarem a ter um bom desempenho.

Isso não significa que é preciso lhes dar uma tarde inteira de folga. Mesmo se saírem apenas uma hora mais cedo, seus funcionários apreciarão o gesto. Afinal, isso é uma forma de recompensá-los por sua dedicação e mostrar que você entende que eles possuem desejos, interesses e responsabilidades fora do trabalho.

> Quando você permite que todos saiam cedo antes dos feriados, está abrindo a porta para que seus colaboradores se sintam reconhecidos.

79
Chá e café com biscoitos

Depois de horas trabalhando duro, muitos colaboradores gostam de fazer uma pausa para tomar café e fazer um pequeno lanche. Quando seus alimentos preferidos estão disponíveis no trabalho, eles encaram isso como uma recompensa. Na verdade, muitas pessoas se motivam a completar etapas de seu projeto atual com a ideia de um café e uma visita à máquina de guloseimas do corredor assim que terminarem.

Tarefa

Peça aos colaboradores suas opiniões e sugestões em relação às bebidas e lanches oferecidos pela empresa e estude a possibilidade de atender aos pedidos deles. Você pode fazer com que se sintam ainda mais valorizados se aproveitar a oportunidade para formar uma força-tarefa para que eles próprios pensem no assunto e façam recomendações.

Essa recompensa depende em grande parte dos recursos da empresa e de seu espaço físico. Certas organizações podem oferecer apenas máquinas de venda de lanches automáticas, enquanto outras mantêm cafeterias e proporcionam lanches sofisticados. O importante é oferecer o melhor que sua empresa puder pagar.

As pessoas têm algumas necessidades básicas, tais como alimentação, e outras mais complexas, como o desejo de reconhecimento. O gerente que oferece aos colaboradores bebidas e lanches que eles realmente apreciam tem a chance de satisfazer essas duas necessidades de uma só vez.

> Uma forma saborosa de reconhecimento é recompensar o esforço de seus funcionários com as bebidas e guloseimas favoritas deles.

80
Invista na educação

As empresas vêm descobrindo que oferecer bolsas de estudo para os filhos de colaboradores é uma excelente maneira de reconhecer a lealdade e o compromisso de seus empregados e, ao mesmo tempo, recompensar o excelente desempenho dos filhos deles. Receber um prêmio como esses leva as pessoas a terem certeza de que fizeram um grande trabalho no emprego e fora dele, e também é uma forma de mostrar o quanto você aprecia as inúmeras horas que seus funcionários dedicaram à empresa. É muito satisfatório para eles sentir que você deseja ajudá-los com seus filhos.

Tarefa

Elabore um programa de concessão de bolsa de estudos. Em seguida, consulte o conselheiro fiscal de sua empresa para concretizar seus planos. Depois, basta convidar os filhos dos colaboradores que preencherem os requisitos do programa. Após selecionar os candidatos vencedores, não deixe de fazer os pais se sentirem reconhecidos e orgulhosos.

É possível organizar uma equipe de gerentes para administrar o programa de bolsas de estudos, ou, então, contratar empresas terceirizadas que prestem esse serviço. Com várias opções de valores a serem investidos, essas bolsas proporcionam recompensas financeiras e psicológicas para todos os envolvidos.

> Quando você oferece bolsas de estudo para os filhos de seus funcionários, proporciona um reconhecimento que vai durar a vida inteira.

81
Creche para as crianças

Um dos principais problemas que os funcionários enfrentam no trabalho atualmente é a falta de creches. As melhores empresas vêm reconhecendo essa questão e tomando medidas para lidar com o problema, e você pode fazer o mesmo. Se tiver os recursos financeiros e o espaço físico disponível, vale a pena considerar a criação de uma creche exclusiva para os filhos de seus funcionários. Caso os custos sejam muito altos, outra opção é tentar negociar uma parceria com alguma creche de qualidade próxima a vocês.

Tarefa

Reúna-se com seus funcionários para descobrir se eles gostariam de ter uma creche subsidiada pela empresa. Como a construção de creche é um grande projeto que vai requerer estudos a longo prazo, é importante procurar opções em sua região, escolher a melhor e contatar os proprietários para propor uma parceria.

Qualquer uma das opções fará com que seus colaboradores se sintam reconhecidos e valorizados. Ao subsidiar a creche, você está lhe dando um benefício concreto, e também está sendo sensível às necessidades pessoais deles, o que mostra seu compromisso em promover o equilíbrio entre vida pessoal e profissional e construir uma atmosfera de respeito, confiança e apoio.

Se você tratar do cuidado com as crianças, a energia que seus funcionários teriam gastado nessa questão poderá ser direcionada para assuntos de trabalho.

82
A conveniência de um *concierge*

Um dos mais novos itens no cardápio do reconhecimento é contratar um *concierge* para a empresa, pois esse profissional pode cuidar das inúmeras tarefas e responsabilidades básicas que seus colaboradores costumam estar ocupados demais para fazer, como compras de caráter pessoal, pegar e deixar roupas na lavanderia, esperar em casa pelo técnico da TV a cabo, fazer reservas para jantar, adquirir ingressos para um evento especial, reparar ou engraxar os sapatos, contratar anúncios, lavar ou consertar o carro, devolver filmes da locadora e muito mais.

Tarefa

Pesquise na internet por empresas que ofereçam o serviço de *concierge*. Como elas costumam dispor de diversos planos para se adequar às suas necessidades, é melhor analisá-los com cuidado, avaliar os preços, verificar as referências e, depois, contratar a empresa de maior renome.

Ter ajuda com esses serviços poupa tempo, reduz o estresse e torna a vida de seus colaboradores muito mais conveniente, dando-lhes liberdade dentro e fora do trabalho. Uma vantagem "colateral" é que, quando esses pequenos pesos são retirados dos ombros de seus funcionários, a produtividade e a satisfação deles aumentam.

> O serviço de *concierge* empresarial dá a seus funcionários um dos maiores e mais preciosos presentes: tempo.

83
Entre em forma

Com o número cada vez maior de funcionários interessados em tonificar os músculos, perder alguns quilos, aumentar a resistência física, baixar a pressão arterial e, simplesmente, cuidar melhor da saúde, mais empresas estão se associando a academias. Por conta da rotina sedentária de trabalho, muitas pessoas acabam ficando fora de forma. Embora a maioria saiba que deveria entrar em uma academia, poucos o fazem, mas isso se torna mais fácil quando a empresa decide premiá-las com a matrícula.

Tarefa

Pesquise academias de ginástica na sua região. É importante visitar cada uma delas, conhecer suas instalações e serviços, falar com o representante de vendas e, em seguida, selecionar a melhor opção para a sua equipe. Tente encontrar uma que tenha várias filiais, de modo que os funcionários possam se exercitar perto de suas casas, se assim preferirem.

Além disso, os empregadores estão se tornando mais conscientes da influência que a saúde de seus funcionários tem em diversos aspectos da empresa, como produtividade, custos do seguro de saúde, atitudes e ânimo dos funcionários, e concluíram que a matrícula em uma academia pode ajudar.

Uma recompensa como essa demonstra para seus colaboradores que você vê a saúde deles e da empresa como algo intrinsecamente relacionado. Quando decidirem aproveitar o benefício, eles se sentirão mais reconhecidos a cada série de exercícios.

> Recompensar os funcionários com a matrícula da academia torna-os mais fortes – e a empresa também.

84
Reconhecimento voluntário

Você pode criar oportunidades de reconhecimento significativo incentivando seus colaboradores a fazerem trabalho voluntário. Essa atividade se tornou tão importante que alguns empregadores oferecem uma semana ou até mais de férias remuneradas para que seus funcionários possam se envolver em suas comunidades.

Tarefa

Entre em contato com as organizações de trabalho voluntário da região e informe-se sobre a necessidade delas em relação a voluntários. Pergunte a seus colaboradores sobre quais instituições eles gostariam de ajudar, liste as escolhas mais populares e incentive-os a dedicarem ao menos algumas horas por semana a essas organizações. Você pode desenvolver um programa que recompense o colaborador que mais dedicar horas de serviço voluntário durante o ano.

Voluntários são muito bem-vindos em uma ampla gama de organizações e instituições, como abrigos para moradores de rua, escolas, programas de juventude, mutirões de limpeza, programas de construção de casas, hospitais, centros de atendimento emergencial e muitos outros. O trabalho que os voluntários desenvolvem nessas instituições é interiormente gratificante, por ser resultante do profundo sentimento de satisfação associado a ajudar aqueles que necessitam. Ao mesmo tempo, é exteriormente gratificante, uma vez que esses voluntários são reconhecidos e valorizados por suas boas ações.

Ao incentivar seus colaboradores a fazerem trabalho voluntário você abre portas para que eles obtenham realização, responsabilidade e reconhecimento.

85
Dê férias

Uma recompensa muito popular e que pode motivar seus funcionários em todos os sentidos são as férias pagas. O colaborador que superar as metas, ou cuja produção for muito superior à dos colegas, pode ser recompensado com uma viagem especial. Esse prêmio pode ser dado para uma pessoa ou mesmo para a equipe, e funciona melhor quando os critérios de seleção são claros e objetivos, como os da área de vendas, faturamento e produção.

Tarefa

Se o desempenho ou rendimento de seus colaboradores puder ser medido quantitativamente, tente recompensar os mais produtivos com férias pagas. Estabeleça critérios e regras e entre em contato com seu agente de viagens, pois ele pode fornecer informações sobre transporte, acomodações, custos e tudo mais que você precisa saber antes de dar início ao programa.

As férias podem ir desde fins de semana em resorts a pequenas viagens com tudo pago por uma semana ou mais em um cruzeiro luxuoso, uma ilha exótica ou mesmo um safári. O colaborador premiado deve ter direito a um acompanhante, para que possa dividir o prêmio com alguma pessoa especial em sua vida. Afinal de contas, essas pessoas provavelmente passam um longo tempo longe umas das outras, e isso é um bom modo de compensá-los por isso.

> Quando os colaboradores se esforçam para trabalhar bem é bom que você se esforce para recompensá-los também.

86
A viagem de campo

Assim como seus funcionários, as empresas também têm pessoas queridas, entre elas os principais clientes, fornecedores, prestadores de serviço e mesmo colaboradores que trabalham em casa. Um bom modo de recompensar seus colaboradores pelo excelente desempenho deles é organizar uma visita a alguma dessas pessoas tão importantes. Você pode selecionar alguns funcionários ou convidar todos para essa odisseia, dependendo dos desempenhos individuais e de outras questões de logística. A visita deve incluir uma apresentação dos profissionais de mais destaque, um tour pelas instalações e uma breve apresentação, com tempo para perguntas.

> **Tarefa**
>
> Analise os profissionais mais relevantes para a empresa e selecione um para seus funcionários visitarem. Entre em contato com as principais lideranças dessa entidade e discuta a viabilidade de sua ideia. Escolha o melhor dia e horário para todos e marque a visita.

Quando os colaboradores ganham a oportunidade de visitar uma das principais forças externas que mantêm a empresa funcionando, eles se conscientizam do valor de cada indivíduo para a empresa, e também compreendem melhor o funcionamento dela, o que é, por si só, muito recompensador.

Quando os colaboradores são convidados a visitar alguns dos líderes, clientes, vendedores ou prestadores de serviço mais importantes para a empresa, eles também se sentem importantes.

87
Lado a lado com os melhores

É possível fazer seus colaboradores se sentirem reconhecidos colocando-os em comitês empresariais que incluam profissionais seniores ou até mesmo o presidente da organização. Seus funcionários se sentirão honrados quando forem selecionados para essa função, e qualquer elogio que receberem de outros membros ou em função do trabalho no comitê será a cereja no topo desse bolo de reconhecimento empresarial. Graças à experiência positiva, os profissionais ficam mais propensos a se voluntariar para outros comitês, o que é uma grande recompensa tanto para a empresa quanto para os funcionários.

Tarefa

Mantenha-se atento quando um comitê estiver sendo formado, e quando souber de um que inclua um ou mais líderes, sugira a participação de alguns de seus melhores colaboradores. Quando estiverem no comitê, dê-lhes suporte e tempo livre suficiente para participar das reuniões e completar as tarefas que possam surgir a partir delas.

Como parte do prêmio de participar desse tipo de comitê, os colaboradores também passam a conhecer melhor alguns dos líderes da empresa. Isso proporciona novas oportunidades de aprender, crescer e se destacar, o que pode levá-los a outras recompensas muito importantes, agora e no futuro.

> Uma das melhores formas de colocar o moral de seus colaboradores no topo é incluí-los em comitês com os líderes da empresa.

88
Reconheça em parceria

Muitos de seus colaboradores devem pertencer a diversos grupos, organizações ou associações compostas por indivíduos de seus campos, especialidade ou profissão, e um dos melhores modos de reconhecer a *expertise* deles é encorajar essas parcerias.

Tarefa

Informe aos funcionários do seu interesse em financiar a participação deles em reuniões, conferências e convenções de suas áreas. Encoraje-os a lhe informarem sobre os eventos de que gostariam de participar, mas não deixe de ficar atento a eventos que os beneficiariam. Se souber de algum que seria especialmente interessante para eles, informe-os e ofereça-se para pagar.

O melhor modo de fazer isso é pagar por suas filiações e cobrir os gastos para que possam comparecer às reuniões, conferências e convenções dessas associações. Algumas das organizações podem oferecer cursos especiais de treinamento ou seminários ao longo do ano, e se abordarem tópicos relevantes e tiverem custos razoáveis, você pode cobrir os gastos para que seus colaboradores consigam comparecer a eles também.

> Quando você envia funcionários para conferências, convenções e treinamento, eles retornam informados, atualizados e revigorados.

89
Parabéns!

Quando chegar o aniversário de um de seus colaboradores, não deixe a data passar em branco. Mesmo que prefiram que você não os lembre da idade que estão completando, eles gostam de ser contemplados nessa data. A forma de celebrar aniversários varia de acordo com a empresa: em algumas há festas elaboradas, enquanto em outras há apenas um cupcake, às vezes menos. Independentemente de como esses eventos aconteçam na sua empresa, a parte mais importante é personalizar o dia com um reconhecimento individual.

Tarefa

Marque em seu calendário o aniversário de cada um de seus colaboradores. Quando o dia chegar, lembre-se de dar os parabéns, seja pessoalmente, por telefone, e-mail ou cartão, independente de qualquer celebração que venha a ocorrer.

A ideia por trás da personalização das comemorações de aniversário serve para que eles saibam que você pensa neles, aprecia seu trabalho e deseja-lhes o melhor. Em um nível menor, essas ações ajudam a construir uma atmosfera familiar, recompensadora e reconfortante para muitos colaboradores.

> Desejar feliz aniversário aquece o coração de seus funcionários, mesmo que não haja velas na ocasião.

90
Dinheiro na mão

Independente de sua empresa pagar o salário de forma semanal, quinzenal ou mensal, há um bom modo de reconhecer seus colaboradores no dia do pagamento. É fácil deixar alguém da administração entregar os cheques para os funcionários que preferem não ter o dinheiro depositado diretamente em suas contas. Entretanto, embora seus colaboradores apreciem ser pagos, o salário acaba perdendo o impacto quando é distribuído dessa forma.

Tarefa

A partir do próximo dia de pagamento, faça com que todos os cheques ou contracheques sejam entregues por você. Antes de distribuí-los, analise rapidamente o desempenho recente de seus funcionários, procurando realizações que possa mencionar durante a conversa. Diga algumas palavras de agradecimento e elogio e, então, entregue os cheques.

Já que o contracheque é uma forma de reconhecimento, você deve entregá-lo pessoalmente a cada funcionário, aproveitando a oportunidade para conversar e dizer algumas palavras de agradecimento e apreciação. Essa abordagem ajuda seus colaboradores a perceberem que o salário é uma recompensa por seu ótimo desempenho.

Usar esta dica garante ao menos mais uma forma de reconhecimento e recompensa pessoal a cada mês.

> Quando você distribui reconhecimento junto ao contracheque, os colaboradores sentem que ganharam em dobro.

91
Pergunte aos funcionários

Seus colaboradores são um recurso precioso e podem desempenhar um papel muito útil quando se trata de introduzir mudanças na empresa, sejam elas referentes a instalações, operações, produtos, planejamento ou qualquer outro aspecto da organização.

As sugestões dos funcionários tendem a permitir melhores decisões e, além disso, quando envolvem mudanças que os afetam, costumam ser aceitas com mais facilidade. O direito de participar do processo e de observar a concretização de suas ideias e comentários também aumenta a motivação dos funcionários. E quando a gerência os inclui nos debates sobre as mudanças, eles se sentem profundamente reconhecidos.

Tarefa

Da próxima vez que uma grande decisão precisar ser tomada, tente reunir um grupo de discussão com seus funcionários para solicitar ideias e sugestões. Tente diversificar o grupo o máximo possível e não deixe de agradecer a participação de todos e fazer comentários sobre qual decisão será tomada.

Quando são incluídos no grupo de discussão, os colaboradores percebem que os superiores os consideram inteligentes, criativos e perspicazes. Eles se sentem ainda mais recompensados quando suas ideias são incorporadas às mudanças decorrentes do trabalho do grupo.

> Além de ajudá-lo a tomar melhores decisões, é indiscutível que os grupos de debate são uma excelente forma de fazer seus colaboradores se sentirem reconhecidos.

92
Só para você

Um modo interessante de reconhecer comportamentos positivos é desenvolver um prêmio específico da empresa. Por definição, esse prêmio deve ser concedido a poucos profissionais, o que aumenta seu valor e importância para todos que o receberem.

Tarefa

Defina os comportamentos positivos que deseja recompensar em sua empresa e escolha um para construir um programa de reconhecimento. Estabeleça os critérios para avaliar o sucesso, invente um título cativante e inclua uma recompensa palpável que combine com o tema do programa que você desenvolveu.

Esses prêmios podem ser voltados para vendas, liderança, produtividade, segurança, ausência de faltas, sugestões, proatividade ou qualquer outro comportamento benéfico que ajude a empresa a cumprir sua missão.

Por exemplo, se a organização enfatiza uma excelente liderança, uma possibilidade é dar um prêmio genérico de liderança, ou, então, algo mais único. Um exemplo desse prêmio pode ser o troféu GOLD, que deve ser dado ao indivíduo que se revelou um "Grande Orientador e Líder Departamental". Esse prêmio pode incluir uma moeda de ouro ou um certificado com letras douradas. Esses prêmios são divertidos de criar e, obviamente, de receber.

> Programas de reconhecimento têm um significado especial na empresa, pois os homenageados se sentem especiais, importantes e únicos.

93
Desconto conta

Cupons de desconto são excelentes recompensas, e funcionam bem tanto como bônus isolados quanto como parte de um evento ou programa de reconhecimento maior. Colaboradores de qualquer nível gostam de economizar dinheiro, e os cupons permitem que eles o façam em diversos lugares que frequentam rotineiramente. Se procurar, você encontrará cupons para restaurantes, supermercados, aluguel de carros, gasolina, aulas, hotéis, estacionamento em aeroportos e cinemas. Além disso, você ficará surpreso ao descobrir que muitos restaurantes e outros serviços em sua área estão dispostos a oferecer descontos para seus funcionários, basta você solicitar.

Tarefa

Basta inserir a frase "cupons de desconto" num mecanismo de busca para encontrar uma enorme variedade deles. Além disso, dê um passeio e visite algumas lojas ao redor da sua empresa e discuta a possibilidade de descontos para seus funcionários. Existe uma chance maior do que 10 por cento de que você conseguirá mais de 10 por cento de desconto para eles.

Embora algumas empresas optem por cupons de desconto que só podem ser utilizados uma vez, algumas possuem cartões que você pode prender no chaveiro e usar diversas vezes. Não importa quantas vezes um funcionário use o desconto, ele sempre sentirá um pouco do reconhecimento e apreciação que esses cupons simbolizam.

Os cupons de desconto devem ser integralmente valorizados como parte importante de um programa de reconhecimento.

94
Saudação com o chefe

Programas de reconhecimento que vinculam os funcionários ao presidente da empresa são excelentes modos de recompensar os melhores desempenhos. Esses programas podem receber vários nomes, como Círculo do presidente, Clube do presidente, Time do presidente, Fórum do presidente, e Mesa-redonda do presidente.

> **Tarefa**
>
> Reúna-se com o presidente da empresa para discutir o programa e o critério de seleção dos membros. Como essa recompensa é feita sob medida para a empresa e o presidente, vocês dois também precisam definir os detalhes a respeito de uma cerimônia de abertura, futuras reuniões e prêmios concretos para os novos homenageados.

Os critérios de seleção devem ser as atitudes e os resultados mais valorizados pela empresa e pelo próprio presidente. Em geral, as pessoas que recebem essa distinção são os melhores vendedores, mas ela também pode ter outros critérios: tempo de serviço, segurança, crescimento profissional, voluntariado ou uma combinação deles.

Os indivíduos desse seleto grupo devem receber uma recompensa concreta e exclusiva, como um certificado e um paletó, broche ou artefato especial.

> Recompensar seus colaboradores admitindo-os em um clube seleto dirigido pelo presidente da empresa é uma das recompensas mais significativas do mundo empresarial.

95
Olhando para a frente

Independente do cargo ou título, muitos funcionários estão interessados em receber conselhos sobre suas carreiras. Por esse motivo, contratar um orientador profissional é um excelente modo de suprir essa necessidade e ao mesmo tempo reconhecer e recompensar seus funcionários, demonstrando seu interesse no crescimento e sucesso deles a longo prazo.

Seu desejo de investir dinheiro no planejamento e desenvolvimento das carreiras de seus funcionários faz com que eles sintam que têm um alto desempenho e potencial. Essa forma de reconhecimento serve para melhorar a autoestima e também o rendimento deles.

Tarefa

Existem excelentes orientadores, mentores e psicólogos empresariais que podem criar um programa sob medida para seus funcionários. É possível encontrá-los em associações profissionais, na internet ou por meio da sua rede de contatos. Você deve entrevistar alguns, avaliar seus programas e custos, escolher o mais adequado e trabalhar com ele para determinar o melhor modo de começar o trabalho com a sua equipe.

Além disso, um programa de orientação de carreira demonstra que a gerência se interessa por cada funcionário como indivíduo. Para quem é beneficiado, é muito recompensador ter mais autoconhecimento, orientação e metas mais bem definidas, além de estratégias específicas para alcançá-las.

Quando você proporciona planejamento de carreira individual para seus funcionários, também está proporcionando reconhecimento individual.

96
A importância dos cartões

Os cartões de visita que você dá a seus funcionários cumprem muitos papéis, especialmente no que diz respeito à progressão de carreira e criação de uma rede de contatos, mas uma função menos óbvia é o reconhecimento que eles podem proporcionar.

Muitos chefes fornecem cartões de visita para pessoas em cargos altos ou que costumam se encontrar pessoalmente com clientes, fornecedores e outros profissionais. Os funcionários em cargos de menos destaque em geral ficam de mãos vazias.

Tarefa

Identifique todos os funcionários que ainda não possuem cartões de visita e comece a providenciá-los. Se alguns dos cargos parecerem sem importância, pare um pouco e considere melhorias nessa área também.

O problema é que os cartões de visita poderiam ser úteis para muitos desses indivíduos, que se sentem muito constrangidos e insignificantes quando precisam anotar seus números em um guardanapo ou pedaço de papel. Quando esses colaboradores recebem seus próprios cartões de visita, sentem que são verdadeiramente parte da empresa. Esses cartões, independente do título do portador, são percebidos como símbolos de status, profissionalismo e importância e, neste sentido, são altamente recompensadores.

> Se estiver procurando uma maneira de recompensar funcionários de todos os níveis da empresa, que tal colocar essa recompensa no papel?

97
Coloque o ânimo lá em cima com balões

Um modo leve e divertido de reconhecer seus colaboradores é dar a eles balões metalizados de hélio a cada narco em suas vidas, tanto no âmbito pessoal quanto profissional. Um feixe de balões chama tanta atenção quanto um holofote no escuro, especialmente se o funcionário trabalhar em uma baia.

Tarefa

Faça uma lista dos próximos marcos a serem celebrados por cada um de sua equipe e tome nota dos que pedem esse tipo de reconhecimento mais leve. Para evitar uma crise de última hora, use sua agenda telefônica ou mecanismo de busca on-line para encontrar uma empresa que possa fornecer balões metálicos personalizados.

Os balões são uma excelente forma de reconhecer boas notícias no trabalho, como promoções, transferências e a chegada de um novo colaborador, mas também ajudam a celebrar eventos pessoais, como aniversários, formaturas e casamentos. Outros funcionários tendem a perguntar qual é a ocasião especial quando veem os balões, o que ajuda a divulgar ainda mais esse tipo de reconhecimento.

Uma maneira de personalizar esse prêmio é mandar imprimir nos balões uma foto do colaborador ou qualquer outra imagem ou comentário. As pessoas costumam associar esses objetos a eventos felizes em suas vidas, e ao trazê-los para o ambiente de trabalho você ajuda a estimular esses sentimentos.

> Balões são um modo mais leve de levar seu funcionário às alturas.

98
Mestre por um dia

Apesar de muitos colaboradores terem conhecimento ou experiência em áreas que poderiam interessar seus colegas de trabalho, na maioria das empresas as oportunidades de dividir esse tipo de informação são raras. Essas áreas podem ser tanto relacionadas ao trabalho quanto a atividades externas ou hobbies.

> ### Tarefa
>
> Pergunte a seus colaboradores se eles gostariam de apresentar uma palestra sobre qualquer tópico de sua área de especialização ou interesse pessoal. Tente programar essas reuniões de forma mensal ou trimestral, e certifique-se de divulgá-las. Se você incluir um rápido almoço como parte do programa, é provável que gere ainda mais interesse.

Para os colaboradores, é muito recompensador ter a oportunidade de dar uma palestra sobre assuntos em que são verdadeiros especialistas. Esses funcionários prezam o fato de a gerência reconhecer uma especialidade deles, e também apreciam o reconhecimento que recebem quando assumem a liderança de um grupo de debates.

Não é apenas o palestrante que se beneficia dessa experiência, uma vez que o público encara o evento como uma oportunidade de aprendizado, o que faz com que se sintam pessoalmente recompensados. Outros colaboradores começarão a pensar nas contribuições que poderiam fazer, o que ajuda a construir e a reforçar o hábito de aprendizado e reconhecimento dentro da empresa.

> Quando você cria a oportunidade para o conhecimento de um colaborador ser compartilhado, está criando a possibilidade de o seu reconhecimento ser compartilhado.

99
Funcionário do Mês

O título de Funcionário do Mês é uma das formas mais tradicionais de reconhecimento, o que não é um defeito. Alguns dos antigos programas de reconhecimento se tornaram clássicos justamente por trazerem resultados.

Tarefa

Determine os critérios de seleção para o título de Funcionário do Mês e indique as recompensas que o acompanharão. Você pode reformular o título trocando o "funcionário" por um termo positivo de sua escolha, como "estrela", "herói" ou "campeão". Anuncie o início do programa, divulgue-o e selecione o vencedor.

Embora o título traga diversas recompensas intrínsecas, muitas empresas tornam a vitória ainda mais doce acompanhando-a de alguns prêmios concretos. Por exemplo, o Funcionário do Mês pode receber um certificado, troféu, joia ou vaga especial no estacionamento da empresa durante o mês. Essas recompensas não têm o peso do título, mas ainda assim são apreciadas.

Além das recompensas mais materiais, é sempre importante realizar algum tipo de cerimônia para marcar a entrega do título, com fotos no site da empresa e na Parede da Fama.

> O título é de Funcionário do Mês, mas o orgulho, a satisfação e o senso de dever cumprido duram a vida toda.

100
Funcionário do Ano

É muito importante reconhecer os melhores colaboradores, mas o que fazer para recompensar o melhor dos melhores? É aí que entra o título de Funcionário do Ano. O propósito dessa distinção é reconhecer o indivíduo cujo desempenho esteja acima dos demais, em todos os sentidos.

Tarefa

Reúna-se com a equipe de gerentes seniores e discutam o papel e o impacto dessa recompensa, para que juntos possam estabelecer os critérios de avaliação, formar o comitê de seleção, definir o evento e o local da premiação e determinar quais serão as recompensas do vencedor.

A cerimônia de entrega do prêmio deve ser mais impactante do que as outras, e é melhor fazê-la em um grande evento da empresa, que inclua familiares, diretores e até mesmo líderes da comunidade. Todos os Funcionários do Mês devem ser relembrados, sendo o Funcionário do Ano o ponto alto do evento.

Para tornar a recompensa única, você pode dar a ela um título especial, como O Prêmio do Presidente. Também é apropriado dar um certificado emoldurado, mas o status desse mérito exige uma recompensa maior, como uma viagem ou um bônus em dinheiro.

> O título de Funcionário do Ano é a melhor recompensa para o melhor rendimento.

101
Sucesso comprovado

Além de recompensar colaboradores por seus excelentes desempenhos, também é importante olhar por outro ângulo e perceber modos diferentes de excelência, especialmente em relação aos profissionais que aprimoraram o próprio desempenho. Alguns deles podem ter dado grandes sinais de melhora, e é preciso recompensá-los.

Tarefa

Enquanto analisa o desempenho de seus colaboradores, perceba quem vem dando sinais de melhora. No fim do ano, escolha o que mais se aprimorou e dê a ele esse prêmio, que deve ser acompanhado de um certificado e de uma calorosa salva de palmas.

Uma forma de fazer isso é designar um prêmio especial para aquele que fez maior progresso durante o ano. Quando um colaborador mostra sinais de aperfeiçoamento e você quer que ele transforme esse comportamento num padrão, precisa reforçá-lo positivamente, que é exatamente o que um prêmio para melhoria de desempenho faz.

Você pode chamar o prêmio de O Funcionário Que Mais Cresceu, ou criar um nome bem-humorado que ajude a agregar significado e importância. Por exemplo, pode ser o prêmio VIP – *Very Improved Performance* [Desempenho bastante aprimorado].

O prêmio de melhor colaborador do ano traz à tona o melhor de cada funcionário.

102
Ideias de fora

Se os seus colaboradores costumam ter contato direto com os clientes, como na área de vendas ou de saúde, um bom modo de fazê-los se sentirem reconhecidos é por meio de pesquisas de satisfação, que devem estar disponíveis para que os clientes possam preencher quando forem bem atendidos.

Esses formulários trazem em geral o logotipo da empresa, um espaço para o nome do funcionário, a data e espaço para descrever o excelente comportamento do atendente. Quando seu colaborador receber um desses formulários elogiosos, programe uma reunião para discutirem a mensagem do cliente, parabenize-o e inclua a nota no arquivo do funcionário.

Tarefa

Estabeleça as diretrizes desse programa de reconhecimento lembrando-se de incluir o formulário e as recompensas proporcionais ao número de elogios recebidos. Não deixe de divulgar a nova política da empresa, bem como destacar os colaboradores mais populares com os clientes.

Uma boa ideia é você mesmo mandar uma mensagem adicional parabenizando-os a cada vez que receberem avaliações positivas. Também é interessante pensar em outras recompensas, como certificados, broches e distintivos especiais para usar no uniforme.

> O reconhecimento das pessoas de fora gera um impacto positivo e poderoso nas pessoas de dentro da empresa.

103
A mensagem da massagem

Altos níveis de pressão, tensão e estresse, somados a longas horas de trabalho, fazem com que muitos colaboradores se sintam tensos, à beira de um ataque de nervos. Essa sensação prejudica a habilidade de se concentrar e de interagir de forma produtiva com os outros, tanto no local de trabalho quanto no lar.

Tarefa

Entre em contato com o responsável pela assistência médica da empresa para que ele recomende um massagista profissional, e peça também indicações a seus colaboradores e outros contatos profissionais. Entreviste alguns massagistas e discuta os métodos, horários e taxas que eles oferecem. Alguns já trabalham com empresas e podem ajudá-lo a estruturar esse relaxante programa de reconhecimento.

Como forma de reconhecer o empenho e o estresse ao qual eles estão expostos, alguns empregadores passaram a oferecer massagens a seus funcionários. Para isso, contrataram massagistas profissionais, dispostos a atender todos os interessados.

Os que optam por receber essa recompensa voltam se sentindo relaxados, renovados, reenergizados e recompensados, prontos para trabalhar com a mente calma e focada, tornando-se mais produtivos, o que por si só é recompensador.

> Proporcionar massagem profissional a seus funcionários é profundamente recompensador em todos os aspectos.

104
Medite sobre isto

Outro modo recompensador de ajudar seus funcionários a lidar com o ritmo, o fervor e a intensidade do trabalho é buscar os serviços de um especialista em meditação. Essa pessoa pode ajudar seus colaboradores, seja em grupo ou individualmente, a lidar melhor com o estresse e a tensão diária, ganhar nova perspectiva e manter o bem-estar e o equilíbrio físico e mental.

> **Tarefa**
>
> Entre em contato com o responsável pela assistência médica dos funcionários, e também com igrejas e templos na sua região para conseguir referências para um guru de meditação. Encontre-se com alguns e selecione o mais qualificado, renomado e experiente, que tenha a estratégia ideal para atender sua equipe. Respire lenta e profundamente e dê início ao projeto.

Como recompensa física, a meditação tira os funcionários de suas mesas, computadores e celulares e proporciona a eles um pouco de silêncio. Já como recompensa espiritual, o guru de meditação pode propor exercícios e experiências que ajudarão os seus colaboradores a entender melhor a si mesmos e a lidar com os desafios da rotina. Com a meditação, muitas pessoas adquirem autoconhecimento e passam por um crescimento pessoal, o que as ajuda a se sentirem e trabalharem melhor.

> Um guru de meditação recompensa seus colaboradores com o dom do autoconhecimento, da consciência ampliada e de uma profunda sensação de bem-estar.

105
Falando em ergonomia

Um bom modo de recompensar seus colaboradores pelas longas horas passadas à mesa, ao computador ou ao telefone é contratar um especialista em ergonomia para garantir que cada um esteja posicionado da forma mais confortável e com menor risco de lesão possível. No que diz respeito à mobília, o tamanho único não serve a todos, e cadeiras e mesas mal posicionadas geram desconforto, dores musculares, acidentes e lesões.

Tarefa

Quer você ouça reclamações ou não, busque um especialista em ergonomia para analisar a postura de seus funcionários. Alguns vão oferecer palestras, mas é essencial insistir em um atendimento exclusivo para cada funcionário e, caso o especialista indique que é preciso trocar alguns dos móveis, é melhor ouvi-lo.

É preciso tomar cuidados especiais em relação às cadeiras, ao posicionamento dos teclados, à altura e ao ângulo do monitor, à posição do mouse e do mouse pad, ao lugar do telefone e à altura das mesas.

Os colaboradores ficam mais satisfeitos quando você percebe as necessidades deles e toma providências para supri-las. Há especialistas para ajudá-lo nessa tarefa e que podem ser encontrados por meio da sua companhia de seguros ou alguns dos maiores fornecedores de móveis de escritório.

> Os móveis e outros equipamentos de escritório devem servir tão bem quanto as roupas dos funcionários.

106
Feng Shui

À medida que seus colaboradores trabalham longos dias e noites, os papéis e outros arquivos vão sendo empilhados indefinidamente, gerando uma grande bagunça. Um bom modo de reconhecer os esforços de seus funcionários no sentido de se organizarem é ajudando-os com uma técnica especial. Uma das mais modernas, embora remeta aos tempos antigos, é o feng shui, a arte chinesa de harmonização do espaço, evitando inclusive a desorganização.

> **Tarefa**
>
> Procure universidades locais, arquitetos e empresas de planejamento de espaço, e peça referências de especialistas em feng shui que atuem em sua área. Encontre-se com pelo menos três e peça para o melhor candidato trabalhar em sua sala. Se ficar satisfeito com os resultados, distribua pelo escritório alguns panfletos sobre essa arte chinesa a fim de esclarecer as dúvidas e inicie o trabalho com o especialista.

É por isso que trazer um especialista em feng shui para ajudar os funcionários a organizarem suas mesas e seus trabalhos é uma ótima recompensa. Isso pode aumentar a eficiência e a produtividade, o que lhes dá não apenas mais tempo, mas também o futuro reconhecimento que acompanhará a melhoria do rendimento.

> Quando você traz um especialista em feng shui para a vida de seus funcionários, muitos percebem que era o reconhecimento que procuravam, sem nem mesmo saberem.

107
Mudanças recompensadoras

Se você prestar atenção nas salas ou mesas de seus funcionários, descobrirá diversos modos de recompensá-los. Pequenos detalhes como tamanho, localização e condições da área de trabalho denotam diversos níveis de reconhecimento, e mesmo as mudanças mais sutis podem ser extremamente recompensadoras.

Tarefa

Observe atentamente as condições físicas de trabalho de todos os colaboradores e elabore uma lista de tudo o que precisa ser modificado ou aprimorado para servir como futuras recompensas. Defina as prioridades e o prazo, e comece a executar o plano assim que possível.

Para proporcionar maior reconhecimento basta colocá-los em uma sala maior, de canto, com janelas ou mesmo com uma pequena mesa de reuniões. Em menor escala, você pode gerar reconhecimento com providências básicas, como mudar o carpete, pintar as paredes, comprar uma cadeira ergométrica ou equipar a sala com móveis novos.

O ambiente de trabalho emite uma mensagem constante, e você pode fazê-lo transmitir seu reconhecimento com algumas poucas melhorias.

> Quando você recompensa seus colaboradores melhorando suas condições de trabalho, também melhora suas condições mentais.

108
Gerenciamento artístico

Quando os funcionários se mudam para outra sala, é comum herdarem qualquer tipo de arte que estivesse nas paredes. Para evidenciar o reconhecimento que acompanha essa mudança, dê a eles a oportunidade de selecionar a decoração que preferem em suas novas paredes. Isso não quer dizer que eles podem pendurar o que quiserem, mas é bom deixá-los livres para escolherem suas obras preferidas de um catálogo previamente aprovado.

Tarefa

Monte um catálogo com pelo menos cem obras que sejam adequadas ao escritório. Sempre que um funcionário for transferido para outra sala, ele deve receber o catálogo para escolher livremente a obra que preferir. Aproveite para pedir também a opinião do restante da equipe em relação às obras de arte em suas paredes, e, se necessário, entregue o catálogo a eles também.

Embora não necessariamente motivem seus funcionários, os quadros têm o potencial de irritar, distrair e incomodá-los, um problema que pode ser facilmente solucionado se você lhes oferecer um catálogo. Dar mais controle sobre a organização do ambiente em que passarão várias horas é também dar uma prova de que o discernimento, o bom gosto e a independência deles são reconhecidos.

> Quando os colaboradores têm o direito de escolher os quadros que mais os agradam, o humor deles também se torna muito mais agradável.

109
É hora de dormir

É natural que seus esforçados colaboradores ocasional-mente fiquem sonolentos durante o expediente. Embora dormir no trabalho tenha uma conotação muito negativa, um grande número de empresas está deixando esse estigma de lado e repensando de forma mais cuidadosa a ideia de permitir que os funcionários tirem um cochilo.

> ### Tarefa
>
> Informe a seus colaboradores que não há problema em tirar um cochilo de dez a vinte minutos durante o expediente. Para começar, eles podem tirá-lo em suas próprias mesas. Se observar melhoras no rendimento, você pode providenciar outras acomodações, como camas dobráveis e até mesmo uma sala específica para esse fim.

O resultado é a crença cada vez mais comum de que a sesta não é tão ruim quanto se pensava. Quando os funcionários recarregam as baterias com uma pequena soneca, há um aumento em sua produtividade, o que é recompensador para eles e para a empresa.

Na verdade, alguns empregadores recompensam seus funcionários com a oportunidade de tirarem um leve cochilo durante o dia. Com isso eles estão dizendo que seus empregados são adultos responsáveis que sabem o que precisam fazer para funcionarem melhor, mesmo que isso seja uma soneca. As empresas passaram a se sentir mais confortáveis com a prática, dando a ela um título mais apropriado: cochilo energizante.

> Deixar que os funcionários tirem um cochilo energizante abre os seus olhos para uma forma de reconhecimento que estava dormente.

110
Leve-os para dar uma volta

Uma recompensa inesquecível é levar os colaboradores para um passeio de limusine. Essa é, na verdade, uma recompensa que pode ter duas abordagens: uma divertida e a outra, útil.

Tarefa

Pense na possibilidade de contratar um serviço de limusine para recompensar seus funcionários de modo divertido e útil. Busque seus contatos em outras empresas e pergunte sobre serviços de limusine. Use a internet como fonte adicional, entre em contato com as empresas que prestam o serviço para pedir um orçamento e referências, além dos seguros e licenças necessárias. Depois, dê a partida.

No caso divertido, disponibilizar a seus funcionários uma limusine para levá-los e buscá-los do trabalho por uma semana é uma boa recompensa para os que mostraram excelente desempenho em qualquer área. Por exemplo, pode ser a recompensa ideal para um funcionário que ganhou prêmios de segurança, carona solidária ou dando sugestões para a empresa.

Caso deseje focar o aspecto útil, dar a seus funcionários que costumam gastar horas para chegar ao trabalho a chance de andar de limusine é um jeito prático e fácil de ajudá-los, pois diminui a tensão e o estresse decorrentes das viagens. Eles apreciarão seu reconhecimento e sua compreensão, sem qualquer necessidade de artigos ou fotos.

> Uma limusine é a recompensa ideal para acelerar o coração de seus colaboradores.

111
Em nome do reconhecimento

Se você tem um antigo funcionário que se destacou em uma área específica, uma das melhores formas de recompensá-lo é nomear um prêmio em sua homenagem. O prêmio pode ter relação com o desempenho exemplar desse indivíduo em determinada área importante da empresa, como vendas, serviço ao cliente ou criatividade.

Por exemplo, um de seus antigos funcionários, George Washington, tem sido uma fonte de ideias criativas por muitos anos. Para homenagear esse feito, pode-se criar o Prêmio Washington, dado anualmente aos colaboradores cujo pensamento inovador melhor representa as ideias e ideais de George.

> **Tarefa**
>
> Se você tem um antigo funcionário que se destaca em uma área importante, crie um prêmio com o nome dele. Em uma cerimônia apropriada, homenageie esse indivíduo anunciando o prêmio e entregando a ele um certificado especial e um troféu. Preste atenção ao desempenho de seus funcionários para ver se algum deles merece a versão do Prêmio Washington de sua empresa.

George se sentirá extremamente reconhecido por deixar esse prêmio como legado, e os futuros vencedores entenderão que estão recebendo uma homenagem muito especial, um prêmio único que se tornará ainda mais significativo se George entregá-lo pessoalmente.

> Honrar um colaborador com um prêmio que leva o nome dele não é uma recompensa apenas nominal.

112
Para todos verem

Se você quiser se divertir e surpreender seus colaboradores com um grande gesto de reconhecimento, alugue um outdoor em um lugar pelo qual a maioria deles passe a caminho do trabalho. O anúncio deve incluir uma mensagem parabenizando um indivíduo ou equipe, e uma foto, ilustração e o logotipo da empresa.

Tarefa

Usando a internet é possível encontrar diversas empresas de publicidade que alugam espaços em outdoors em quase qualquer lugar, a uma taxa mensal razoável. Verifique os preços e períodos disponíveis e tente encontrar um lugar que esteja no caminho de muitos de seus funcionários.

Essa forma de reconhecimento é mais indicada para feitos realmente especiais de uma pessoa ou grupo, e, certamente, deixará uma marca no homenageado e no restante da equipe. Você pode tornar essa recompensa ainda maior se tirar fotos dos funcionários em frente ao outdoor e postá-las no site da empresa e na Parede da Fama.

Essa expressão de reconhecimento pode ser parte de outro programa, como o de Funcionário do Mês, ou pode, literalmente, ser uma recompensa única com seu próprio destaque.

> Um verdadeiro sinal de aprovação é anunciar sua satisfação em um outdoor.

113
É a época do anuário

Quando as pessoas ouvem a palavra anuário, geralmente se lembram do ensino médio ou das faculdades dos Estados Unidos, e não percebem que eles podem ser um ótimo recurso nos locais de trabalho. Anuários são uma excelente maneira de proporcionar reconhecimento e agradecer a todos os colaboradores por seu trabalho duro ao longo do ano.

O anuário de uma empresa é composto por centenas de fotos, espontâneas e posadas, que os funcionários tenham tirado ao longo do ano. Elas devem mostrá-los em suas escrivaninhas, fazendo piadas, recebendo prêmios, participando de reuniões, descansando nos intervalos, jogando nos times da empresa e aproveitando os eventos da organização. Algumas das fotos podem ter aparecido on-line ou na Parede da Fama.

> **Tarefa**
>
> Comente com seus colaboradores sobre o anuário e escolha alguns voluntários para organizá-lo. Aponte as regras, a verba e realize um concurso, aberto a todos os funcionários, para definir o nome. Além de distribuir os anuários entre os colaboradores, guarde alguns para a sala de espera e para o material promocional da empresa.

O anuário pode ser um simples catálogo ou algo mais elaborado, a única regra essencial é a de que cada colaborador deve ter pelo menos uma foto nele, talvez até mais. O anuário deve ser distribuído para todos os funcionários no final do ano, quem sabe em uma confraternização da empresa.

> Ver a própria foto no anuário da empresa é como ver um flash de reconhecimento.

114
Pé na estrada

Vá para qualquer aeroporto durante a semana e você verá legiões de pessoas viajando a trabalho. Esses indivíduos são guerreiros da estrada, que passam grande parte de sua vida profissional em táxis, aeroportos, aviões e hotéis. Eles estão lá fora vendendo, comprando, resolvendo problemas, fazendo contatos e mantendo milhões de negócios. É fácil dizer que o pagamento é sua recompensa, e até certo ponto isso é verdade, mas os trabalhadores que viajam com frequência também precisam de reconhecimento.

> ### Tarefa
>
> Avalie o desempenho de seus funcionários que passam muito tempo viajando e pense nas recompensas formais e informais que eles receberam no ano passado. Caso o reconhecimento tenha sido pequeno, realize uma cerimônia e presenteie-os com alguns itens relacionados a viagens. Se puder mandar gravar os nomes deles em alguns dos presentes, melhor ainda.

Embora broches e placas sejam apreciados, essas pessoas preferem recompensas que facilitem a vida na estrada, e algumas que se encaixam nesse princípio são malas de última geração, pastas, bolsas de viagem, conversores cambiais, máscaras de dormir, sacolas específicas para carregar roupas, identificadores de bagagem, nécessaires, travesseiros de viagem, cadeados de mala e relógios. Esses funcionários vão longe para atingir suas metas, e, no sentido literal e figurado, esse tipo de reconhecimento também vai.

> Recompensar funcionários com itens que facilitem suas viagens é um modo fácil de reconhecer que eles fazem a empresa chegar longe.

115
Empresas modernas

Uma das marcas das empresas mais dinâmicas e bem-sucedidas da atualidade, que geralmente são encontradas nas listas de melhores locais para trabalhar, é o fato de serem vistas como "empresas modernas". Elas têm, em sua maioria, uma estrutura de organização horizontal, com comunicação aberta, bom ambiente de trabalho, programas que contribuem para o equilíbrio entre vida pessoal e profissional, participação dos funcionários nas decisões e benefícios como creches e apoio a exercícios físicos.

Tarefa

Elabore uma lista de recompensas para dar a seus colaboradores e pesquise a disponibilidade e o preço desses itens. Para deixar os presentes ainda mais especiais, inclua o logotipo da empresa sempre que possível.

Quando for recompensar seus colaboradores, tenha em mente alguns prêmios divertidos que destacam a modernidade e inovação da empresa, como pequenos presentes que podem servir como bônus instantâneos, recompensas temporárias por assiduidade ou segurança, ou até recompensas para todos os funcionários, apenas como uma forma de agradecer pelo empenho deles.

> Não há nada de ultrapassado em se esforçar para reconhecer seus colaboradores.

116
Tecnicamente falando

Sejam prêmios em concursos, incentivos para atingir metas ou pequenas recompensas materiais que demonstram agradecimento e apreciação, as recompensas que tornam as vidas pessoais e profissionais dos colaboradores mais fáceis são sempre bem recebidas. Muitas das recompensas que melhor se encaixam nesse quesito podem ser encontradas em lojas de eletrônicos, tanto físicas quanto virtuais.

Algumas dessas recompensas podem ser celulares, câmeras digitais, laptops, iPods, televisões HD, home theaters, filmadoras, impressoras de fotos, DVDs players, navegadores GPS e aparelhos sem fio que incluam todas essas características. Esse tipo de recompensa será utilizada diariamente pelos colaboradores, e a cada uso eles sentirão um pouco do reconhecimento que os fez ganhá-las.

> **Tarefa**
>
> Faça uma pesquisa na maior vendedora de eletrônicos da sua área. Converse com os vendedores sobre os prós e os contras dos produtos que parecem ideais para seus melhores colaboradores e informe-se sobre eles também. Quando construir um cardápio variado de recompensas para as mais diversas ocasiões, lembre-se de colocar algumas dessas novidades tecnológicas.

Quando são recompensados com itens de última geração, os funcionários descobrem que coisas que eles nem sabiam existir ontem se tornaram indispensáveis hoje, e não há muitas recompensas que possam causar esse tipo de impacto.

> Recompensar seus colaboradores com eletrônicos de primeira linha é uma forma de lhes dar reconhecimento de primeira linha.

117
Já não era sem tempo

Como muitos de seus colaboradores mais produtivos e eficientes passam inúmeras horas no trabalho, nada mais adequado do que relacionar a noção do tempo à recompensa. Uma das melhores maneiras de estabelecer essa conexão é presenteá-los com um relógio ou relógio de pulso.

Tarefa

Visite joalherias, lojas de departamento, de eletrônicos e de esportes para ter uma ideia dos produtos e dos preços. Faça também uma busca na internet. Você pode personalizar ainda mais a recompensa gravando o nome do presenteado e algumas palavras de congratulações.

Se optar por um relógio de pulso, fuja do clássico de ouro, que é mais indicado para os funcionários que estão se aposentando. É melhor que cada relógio represente os bons tempos que virão e que sirva ao colaborador, tanto em tamanho quanto em estilo. Um relógio esportivo pode ser bom para um funcionário, enquanto um mais tradicional pode ser mais adequado para outro.

O mesmo raciocínio se aplica a um relógio, que deve, no sentido literal e figurado, caber e combinar com a sala ou mesa do colaborador, sem deixar dúvidas de que é uma recompensa.

> Recompensar seus colaboradores com um relógio de mesa ou de pulso proporciona um reconhecimento atemporal, sentido cada vez que eles olharem para o presente.

118
Para um desempenho brilhante

Recompensar seus colaboradores com joias é um tipo de reconhecimento brilhante e duradouro. No entanto, muitos gerentes deixam essa ideia de lado por a julgarem apropriada apenas para mulheres. Na verdade, é possível encontrar uma gama de joias para homens e mulheres de todos os estilos, combinações e preços.

Tarefa

Embora seja fácil entrar em uma joalheria ou site e encontrar peças atrativas, isso não é uma tarefa para amadores. Se o território não for familiar a você, procure alguém que entenda do assunto e que conheça os gostos e as preferências dos colaboradores. Não se esqueça de fazer um orçamento e não ultrapassá-lo.

Alguns dos melhores itens para recompensar a dedicação e o desempenho de seus excelentes colaboradores incluem braceletes, anéis e colares; mas podem incluir facilmente chaveiros, brincos, pingentes etc. O único cuidado a ser tomado é que o estilo do presente deve combinar com o gosto do funcionário, caso contrário, será esquecido em uma caixa de joias.

Quando um funcionário recebe uma peça que combina com sua personalidade como modo de celebrar marcos, metas e sucessos alcançados, ele passa a usá-la com frequência. Parte do motivo é o apelo inerente de uma joia, mas isso também ocorre por causa da expressão de reconhecimento que o objeto representa.

> Artigos de joalheria são presentes ideais para aquele funcionário que é uma joia.

119
Reconhecimento delicioso

Algumas vezes seus colaboradores alcançam um desempenho tão bom que merecem um agrado, e uma das recompensas mais palatáveis é algo especial para comer. É por isso que almoços e lanches da tarde estão entre os itens mais populares no cardápio do reconhecimento.

> **Tarefa**
>
> Converse com seus colaboradores e faça uma lista dos restaurantes, pratos e sobremesas favoritos deles. Entre em contato com os restaurantes, lojas e serviços de buffet que fornecem os pratos mais populares e marque um evento a cada trimestre.

Muitos dos restaurantes favoritos de seus colaboradores aceitam encomendas, seja de hambúrgueres, comidas exóticas ou tábuas de frios. O grau de formalidade do evento fica a seu critério, e você pode até mesmo encontrar restaurantes que mandem uma equipe até seu escritório para preparar as especialidades da casa e servi-las fresquinhas aos funcionários.

Em relação a lanches, é possível adoçar o dia de seus colaboradores contratando uma loja de sorvetes ou um serviço de buffet para servir algumas sobremesas criativas ou outros pratos deliciosos. Muitas dessas empresas virão diretamente ao escritório e cuidarão de todos os detalhes do evento. Embora esses banquetes sejam uma recompensa personalizada quando você opta pelos pratos favoritos de seus funcionários, é bom ir além e incluir também opções sem açúcar ou de baixa caloria.

> Se você recompensar seus colaboradores com almoços e lanches especiais, eles vão saborear o reconhecimento.

120
Cara a cara com um profissional

Basta uma rápida olhadela para perceber que todos os seus colaboradores possuem interesses individuais como pintura, futebol, ciclismo, tênis, costura, carpintaria, pesca etc. Cada uma dessas áreas abre uma porta para o reconhecimento individual e personalizado.

Se você quiser dar a seus melhores funcionários uma recompensa que eles vão lembrar, usar e aproveitar pelos próximos anos, dê uma hora em particular com um especialista na área de interesse de cada um. Por exemplo, presenteie o fanático por golfe do escritório com uma aula de um profissional. Durante o desenrolar da aula – de preferência, filmada –, o indivíduo estará tomado de emoções positivas, que é exatamente o efeito que você deseja causar com o programa de reconhecimento.

Tarefa

Se você tem um colaborador excelente que merece uma excelente recompensa, tente aprender mais sobre seus interesses pessoais. Procure um especialista que ofereça aulas sobre o assunto e dê as boas notícias para o funcionário e para o restante da equipe.

Os interesses pessoais de seus colaboradores refletem algumas das principais motivações deles. Ao proporcionar uma recompensa que satisfaça essas motivações mais profundas, você está dizendo a ele que está verdadeiramente interessado na satisfação, felicidade e crescimento de cada um de seus funcionários.

> Recompensas que ajudam os colaboradores a atingir o sucesso em suas atividades fora do trabalho também os ajudam a atingir o sucesso nas atividades no trabalho.

121
Pegue e leve

As recompensas são mais eficazes quando oferecidas imediatamente após o comportamento positivo do colaborador, e um modo divertido e fácil de fazer isso é manter uma sacola de recompensas no escritório. Da próxima vez que quiser reconhecer uma atitude positiva, chame a pessoa até sua sala, pegue a sacola e deixe que ela escolha uma recompensa.

Tarefa

Escolha uma sacola especial e encha-a com cupons, ingressos, vale-presente e vales para itens diferenciados. Informe a seus colaboradores sobre a sacola e sobre o modo como funciona o programa. Quando o primeiro prêmio for retirado, lembre-se de contar a todos.

A sacola deve conter várias recompensas interessantes, como cupons de desconto, vales-presentes e ingressos para o cinema. Ela deve ter também alguns cupons para itens melhores, como câmeras digitais ou relógios de pulso. Quando um funcionário merecer um presente da sacola, você pode chamar os outros para a pequena cerimônia. De qualquer forma, lembre-se de dizer algumas palavras de reconhecimento, elogio e apreciação por um trabalho bem-feito.

> A chance de conseguir uma boa recompensa certamente vai captar a atenção de seus colaboradores.

122
Leve o treinamento a sério

Além do treinamento profissional tradicional, que prepara os funcionários para lidarem com questões como liderança e motivação, existem mestres que ajudam os indivíduos a trabalharem a própria mente e o corpo. Embora não tenham relação direta com temas profissionais, eles contribuem para a saúde mental e física dos funcionários, o que é uma grande recompensa para empregadores e colaboradores.

> **Tarefa**
>
> Entre em contato com algumas academias da área e prepare uma lista de treinadores que se enquadrem nessa categoria holística. Procure cada um deles e chame os mais promissores para novas entrevistas e avaliações. Escolha os mais preparados para dar início ao programa, e assegure sua continuidade.

Os treinadores que podem desempenhar um papel fundamental nesse tipo de reconhecimento são especialistas em fitness, nutrição, ioga e pilates. Esses instrutores ajudam seus funcionários, individualmente ou em grupo, a aumentar a força, resistência, flexibilidade, confiança, autoimagem, controle do estresse, saúde e até mesmo a fortalecer o sistema imunológico.

Se decidir ir além dos treinamentos convencionais e resolver cuidar de seus colaboradores de forma mais holística, estará recompensando-os em muitos níveis e intensificando os efeitos de seu programa de reconhecimento.

> Recompensar os colaboradores com programas que partam de uma perspectiva holística traz ganhos para toda a empresa.

123
Dia de piquenique

Um clássico evento de reconhecimento é o bom e velho piquenique, com hambúrgueres, sanduíches, batatas fritas, frutas, jogos, competições e prêmios. Em geral, os piqueniques de empresa incluem todos os colaboradores, suas famílias e amigos próximos. Esses eventos normalmente acontecem em parques, durante um dos dias de um feriado prolongado.

Tarefa

Comece a procurar o lugar ideal hoje mesmo, pois os melhores normalmente são reservados com antecedência. Reúna um grupo de colaboradores para ajudar a coordenar o evento e dê a eles uma ideia clara do que espera, além de um orçamento. Piqueniques são boas ocasiões para distribuir prêmios, mas, fazendo isso ou não, não se esqueça de agradecer aos organizadores do evento.

Os piqueniques são uma forma alegre e prazerosa de agradecer à equipe e proporcionar uma tarde relaxante, descontraída e divertida.

Eles também são a oportunidade perfeita para os gerentes encontrarem os funcionários e suas famílias, e agradecer e reconhecer publicamente por seu desempenho. Mais importante: se o evento tiver jogos e competições, os gerentes também devem participar, pois o reconhecimento perde grande parte do valor quando os chefes ficam em um canto isolado.

> Os melhores piqueniques de empresa servem porções de salada, sanduíches, fritas e reconhecimento.

124
Recolher e recarregar

Você pode oferecer muitas oportunidades de reconhecimento quando convida seus colaboradores para irem a um retiro. Em geral, eles acontecem em centros de conferências ou resorts e podem durar de uma tarde a uma semana, período no qual abrem as portas para você e seus colaboradores se engajarem em uma gama de atividades para desenvolver habilidades, melhorar o trabalho em equipe, debater ideias e se divertir.

> **Tarefa**
>
> O primeiro passo é definir se um retiro seria bom para a empresa e a equipe e, em caso afirmativo, definir o mais adequado às suas necessidades. Para descobrir isso, entre em contato com algumas das empresas que oferecem retiros e que podem ser facilmente localizadas na lista telefônica ou on-line. As melhores empresas o ajudarão em todos os passos, a começar por esse.

Os funcionários se sentem imediatamente reconhecidos quando são convidados para um desses programas da empresa. Além disso, uma vez no retiro, muitas atividades, exercícios, simulações e debates os colocam em situações nas quais recebem feedback positivo e reconhecimento tanto de seus pares quanto dos gerentes.

Os retiros também são uma oportunidade para seus funcionários obterem autoconhecimento e participarem de novas atividades de aprendizado, como aulas para pular corda, e uma chance de melhorarem os relacionamentos com os outros colegas.

> Para oferecer reconhecimento, autoconhecimento e crescimento a seus funcionários, não se retire do retiro!

125
Clube de recompensas

Existem várias formas de reconhecimento que sempre se mostraram muito eficazes, mas na maioria dos casos é melhor que a recompensa seja mais psicológica do que material. Entretanto, há um bom modo que contempla os dois aspectos.

Se o seu colaborador teve um excelente rendimento no trabalho e alcançou metas de forma consistente, é fácil recompensá-lo de modo duradouro: basta torná-lo membro de um clube que mande comidas ou bebidas especiais a cada mês, por um ano ou mais.

Para personalizar essa recompensa, escolha um tipo de comida ou bebida que combine com o gosto dele. Com a vasta gama de ofertas atual, não será muito difícil. Algumas dessas empresas enviarão um presente mensal de qualquer tipo que você possa imaginar: vinhos, carnes, queijos, temperos, frutas, vegetais, plantas, cafés, chás, nozes etc.

Tarefa

Elabore uma lista de seus colaboradores e de suas comidas e bebidas favoritas. Quando um deles tiver um desempenho que mereça um presente mensal, use a internet para encontrar empresas que ofereçam o presente perfeito para cada membro de sua equipe.

> Recompensar seus colaboradores com presentes de bom gosto impede que eles fiquem desgostosos.

126
Redutores de estresse

Muitos colaboradores sabem que altos níveis de estresse provocam sérios riscos à saúde, mas ele ainda continua a ser uma das consequências das longas jornadas de trabalho. Embora a maioria dos bons programas de reconhecimento ajude a reduzir esse problema, como no caso dos que oferecem massagem ou ioga, existem também algumas recompensas específicas que podem ajudar os seus funcionários a lidarem com essa questão.

Algumas opções são: exibir um filme de comédia durante um almoço mais longo, aproveitar os efeitos relaxantes do som da água e reproduzir esse tipo de ruído nos computadores da empresa ou, então, colocar pequenas fontes e até mesmo um aquário com peixes tropicais nas salas ou áreas de trabalho dos colaboradores.

> **Tarefa**
>
> Fique sempre alerta aos sintomas de estresse, como funcionários que adoecem com frequência, alto índice de acidentes ou irritabilidade. Se perceber algum desses sinais, converse com seu colaborador e ouça-o com atenção. Em sua maioria, os funcionários conseguem identificar o que está causando o estresse, e você deve tomar as medidas necessárias para lidar com o problema.

Essas recompensas não curam o estresse, mas podem proporcionar algum alívio e, a nível psicológico, transmitem a ideia de cuidado e preocupação com os funcionários, o que por si só já ajuda a reduzir esse mal.

> Se você procura programas de reconhecimento, é importante não relaxar até encontrar um que ajude a reduzir o estresse da equipe.

127
Faça uma pose

Para um reconhecimento divertido que chame a atenção, procure um caricaturista para retratar os funcionários. Peça ao artista que desenhe a equipe ou cada indivíduo separadamente como modo de recompensá-los por alcançarem um objetivo importante. Mas também não é preciso que haja nenhuma meta, e você pode usar a oportunidade para reconhecer os funcionários de modo bem-humorado.

Tarefa

Use a internet para encontrar caricaturistas e então peça para ver o portfólio deles, além de referências e preços. Escolha o que atender melhor suas necessidades e peça uma caricatura sua. Se gostar do resultado, contrate o artista. Se não, recomece o processo.

Uma caricatura é um dos presentes mais personalizados possíveis e normalmente os artistas exageram em traços e características proeminentes, o que gera retratos únicos. O processo ajudará na formação de vínculos se vários colaboradores assistirem e derem **dicas** e sugestões. Ao colocar o resultado final em uma moldura **na** sala de espera ou nos corredores, você pode criar um impacto positivo no ambiente.

> Reconhecer os colaboradores é uma arte, especialmente quando você proporciona uma arte que eles reconheçam.

128
Reconhecimento enraizado

Muitas pessoas apreciam as recompensas que, além de destacarem seus feitos, são significativas fora do ambiente de trabalho. Um número cada vez maior de colaboradores tem se tornado ecologicamente consciente, e uma forma de reconhecer sua causa é recompensá-los plantando uma ou mais árvores em seus nomes.

Tarefa

Enquanto avalia o desempenho de seus colaboradores, tente encontrar casos de sucesso no trabalho e fora dele. Considere então homenageá-los com uma árvore em seus nomes. É possível encontrar diversas organizações interessadas nessas doações digitando "árvores", "doação" e "homenagem" na ferramenta de busca de sua preferência.

Essa recompensa é especialmente apropriada para funcionários cujas funções envolvem certa responsabilidade social, como os que tiverem feito mais trabalho voluntário ou que tenham sido homenageados por alguma ONG como consequência de seu auxílio. Nesses casos, doar uma árvore em nome deles é uma recompensa adicional muito apropriada.

Existem diversas escolas, clubes, cidades e parques que recebem esse tipo de doação. A ideia de ter uma árvore plantada em seu nome é uma recompensa visual, única e duradoura, que reconhece o homenageado em diversos níveis.

> Uma boa estratégia para colher a satisfação de seus colaboradores é plantar árvores no nome deles.

129
Passe o reconhecimento, por favor

Como os funcionários sempre buscam formas mais rápidas e econômicas de ir e voltar do trabalho, você pode proporcionar algumas recompensas excelentes nesse sentido, como passes para ônibus, trem e metrô, e também um vale-pedágio para estradas e pontes.

Tarefa

Entre em contato com as agências locais de transporte para adquirir os passes e vales apropriados para sua área. Lembre-se de adequar essas recompensas às necessidades de seus colaboradores. Dê vales-pedágio para os que realmente o utilizam.

À primeira vista, essas recompensas apenas economizam tempo e dinheiro, mas na verdade elas também ajudam a reduzir a frustração, a tensão e o estresse. Além disso, permitem que seus colaboradores comecem a trabalhar mais cedo, em vez de passarem meia hora se recompondo do estresse de um ônibus lotado. Ao facilitar a chegada ao trabalho todos os dias você os ajuda a alcançar as recompensas inerentes ao trabalho de forma mais rápida e fácil.

É importante sempre se preocupar em dar recompensas que os funcionários realmente apreciem e usem, e qualquer coisa que facilite a locomoção deles está no topo da lista. Recompensas como essa podem ser dadas como um bônus instantâneo ou direcionado a colaboradores que façam uso da carona compartilhada ou do transporte público.

> Quando você facilita a chegada e saída do trabalho, facilita também o trabalho.

130
Saídas divertidas

Quando chegar a hora de reconhecer seus colaboradores pela incansável dedicação, há alguns programas bons para a família que são diferentes e os tiram do escritório por algumas horas. Embora essas saídas costumem ser longas e durar o dia inteiro, o objetivo é curto e agradável: diversão para toda a família.

Tarefa

Examine a programação do jornal referente às próximas atividades para o fim de semana e encontrará inúmeros eventos, atividades e locais que podem ser recompensadores para seus colaboradores e suas famílias. Escolha o mais adequado e comece a se planejar. Anuncie o programa com antecedência, mas mantenha alguns detalhes em segredo para criar expectativa.

Alguns dos melhores programas incluem passeios ao zoológico, aquário, parque de diversões ou museu – especialmente um museu para crianças. A empresa deve cuidar de todos os detalhes, inclusive transporte, refeições, visitações especiais, entretenimento e passes que ajudem a fugir de filas. Como parte da diversão, você pode distribuir camisetas ou bonés que celebrem o bom trabalho de seus colaboradores. Esses eventos recompensam sua equipe com risadas e diversão, sorrisos e boas memórias, o que não tem preço.

Quando você busca programas para reconhecer a família de seus colaboradores, perceberá que elas se tornam mais amigáveis, o que é muito importante para você e seus funcionários mais empenhados.

131
Que imprevisível!

Algumas vezes, você tem um colaborador com um rendimento bom e consistente e gostaria de recompensá-lo, mas deseja também que a recompensa não esteja relacionada ao cumprimento de nenhuma meta específica, e seja apenas reflexo do excelente desempenho ao longo do tempo.

Tarefa

Faça uma lista dos funcionários mais consistentes e produtivos e relacione também as recompensas e expressões de reconhecimento que eles receberam ao longo dos últimos seis meses. Se achar algum que não foi suficientemente reconhecido, comece a busca por uma recompensa imprevisível.

É a oportunidade perfeita para escolher algo diferente que possa agradá-lo. Pode ser uma obra de arte, talvez um item de colecionador ou uma antiguidade.

O propósito do presente é agradecer a seu funcionário e demonstrar que você está verdadeiramente satisfeito e contente com o desempenho dele. Essa recompensa é uma surpresa agradável para quem a recebe e demonstra que seu interesse vai além da conquista de uma meta mensurável.

> Você pode dar uma recompensa imprevisível a seus colaboradores mais diligentes, porque a expressão de reconhecimento não é nada casual.

132
Uma cesta de reconhecimento

O reconhecimento significa atenção merecida para o colaborador, e uma boa ideia para dar e chamar atenção é uma cesta de guloseimas. Essas recompensas costumam ser coloridas e cheias de comidas deliciosas. Quando uma delas aparecer na mesa de um profissional, qualquer um na área vai imediatamente identificá-la como uma sincera expressão de reconhecimento.

Para tornar a recompensa mais exclusiva é melhor evitar as cestas prontas. Um presente que não esteja de acordo com o gosto do homenageado vai acabar em outro tipo de cesto, assim como o reconhecimento que ele deveria transmitir.

> **Tarefa**
>
> Faça uma lista de seus colaboradores e as comidas ideais para colocar em uma cesta para eles. Quando alguém merecer essa recompensa, pegue a lista, vá para seu supermercado favorito e monte a cesta. Não se esqueça de incluir um cartão que agradeça ao funcionário pelo bom trabalho.

A cesta deve estar cheia de itens dos quais seu funcionário realmente gosta. Se ele for aficionado por vinho, queijo ou os dois, tenha isso em mente na hora de selecionar os itens. Além da comida, não se esqueça de adicionar recompensas especiais, como cupons ou dinheiro.

> Uma cesta repleta das guloseimas favoritas de seu funcionário dá a ele um gostinho de reconhecimento a cada vez que um item é aberto e degustado.

133
Tarefas significativas

Algumas das melhores recompensas são decorrentes do próprio trabalho, especialmente quando ele é significativo, desafiador e dinâmico. Quando os colaboradores concluem um projeto complexo e de alto nível, recebem prêmios de duas fontes que cumprem papéis importantes no processo de reconhecimento.

Tarefa

Peça aos colaboradores para elaborarem um breve resumo de sua rotina e também do grau de dificuldade de cada tarefa realizada por uma semana. Se descobrir que gastam muito tempo com atividades de rotina, tente delegar esse tipo de tarefa à pessoa apropriada.

A maior fonte de reconhecimento é o próprio colaborador: quando se desdobra para empreender e completar um projeto que parecia impossível, ele se sente satisfeito, valorizado e bem-sucedido, o que é uma grande recompensa psicológica, com duradouros efeitos positivos.

A segunda fonte de reconhecimento é o chefe. Quando um funcionário completa uma tarefa hercúlea, os melhores gerentes aproveitam o resultado e proporcionam o reconhecimento e as recompensas apropriadas.

Projetos importantes e significativos geram um reconhecimento importante e significativo.

134
Para os novatos

Os novatos levam algum tempo para se ajustar à empresa e se sentir realmente parte da equipe. Um bom modo de acelerar esse processo e ao mesmo tempo fazer com que se sintam valorizados é instituir um almoço trimestral para todos os recém-contratados e o presidente ou alguém importante da empresa. Os novatos se sentirão reconhecidos apenas por serem convidados para um almoço desses e o sentimento aumenta quando eles interagem com um líder da empresa durante a refeição.

Tarefa

Informe ao presidente da companhia ou a alguém com cargo de liderança a respeito da importância dessas reuniões. Quando conseguir a autorização deles, convide os recém-contratados a comparecer. Se algum colaborador que tenha sido contratado há mais tempo puder se beneficiar desse tipo de reunião, também pode ser convidado.

Esses almoços funcionam ainda melhor quando o superior prepara uma pequena apresentação sobre um pouco da história e muito do futuro da empresa, que deve ser seguida por uma série de perguntas, respostas e sugestões dos colaboradores. O líder deve ser generoso e dar um feedback positivo durante as sessões e depois delas, uma vez que essa é uma das melhores formas de reconhecimento.

> Um almoço com todos os novatos e o presidente da empresa ou outro líder reforça a autoestima dos funcionários ao mesmo tempo que reforça o compromisso da chefia de ser acessível, comunicativa e receptiva.

135
Um bom sinal

O reconhecimento implica em enviar mensagens positivas para os colaboradores pelo excelente trabalho, e um método comprovado de fazer isso é por meio de uma tabuleta de identificação interna. Essas placas contêm o nome do colaborador e alguns comentários personalizados sobre seus feitos e importantes metas atingidas.

Tarefa

Pode-se encontrar uma placa de LED por meio de pesquisa na internet. Depois de conversar com alguns vendedores, anote os prós e os contras de adotá-la em sua empresa. Ao fazer suas considerações, não se esqueça de que essas placas são valiosas não apenas para reconhecer os colaboradores, mas também para transmitir informações adicionais a eles.

A primeira opção é a tabuleta à moda antiga, com espaço para inserir letras e formar o nome do funcionário e seus elogios. Entretanto, elas estão ficando fora de moda.

Uma opção melhor é um letreiro de LED. Ou seja, monitores de TV ou displays de LED nos quais a mensagem pode aparecer estática ou em movimento. Você pode criar mensagens personalizadas facilmente com um computador ou controle remoto, e existem várias opções de fonte, tamanho e cor. Essas placas chamam a atenção e são mais eficazes quando posicionadas em áreas movimentadas.

> Com as opções altamente tecnológicas de hoje você pode proporcionar a seus funcionários reconhecimento de última geração.

136
É o seu dia

Para indivíduos ou equipes que tiveram desempenhos extraordinários e significativos para a empresa, uma boa recompensa é criar uma data comemorativa em homenagem a eles. Esse dia especial deve ter seus nomes e vários eventos para honrá-los.

> ### Tarefa
>
> Reveja o desempenho de seus colaboradores individualmente e em equipe, procurando as contribuições que claramente fizeram a diferença no sucesso da empresa. Informe aos dirigentes que o desempenho especial merece um dia especial de reconhecimento.

A data também pode incluir uma grande cerimônia em que os profissionais sejam reconhecidos, com vários pôsteres de congratulações, mensagens de reconhecimento on-line, um almoço em que sejam os convidados de honra e um comunicado especial do presidente da empresa. Os colaboradores também podem receber certificados adequados, presentes especiais e ser liberados mais cedo. Talvez a saída antes do horário possa ser o prelúdio para um fim de semana em um resort com tudo pago pela organização.

Quando os colaboradores recebem esse tipo de homenagem, entendem que ela não vem só do gerente, mas da empresa como um todo, o que a torna ainda mais significativa e especial.

> Proporcionar um dia especial aos seus funcionários brilhantes é um modo de reconhecer que eles proporcionaram muitos dias especiais à empresa.

137
Planeje o futuro

Oferecer um plano de previdência privado é um modo importante de recompensar seus colaboradores hoje e pelos próximos anos. Com funcionários de todos os cargos se preocupando cada vez mais com o futuro financeiro, um plano de previdência demonstra que você compartilha essa preocupação. Quanto mais em sintonia com os funcionários a empresa estiver, mais recompensador eles acham trabalhar com e para ela.

Tarefa

Se você não tem um plano de participação nos lucros, entre em contato com pelo menos cinco das maiores instituições financeiras que cuidam dessas questões e encontre os representantes de cada uma delas. Crie uma planilha que compare e contraponha os planos em termos de custos e benefícios e reúna-se com o gerente sênior para discutir suas recomendações.

Existem vários tipos de planos de previdência, e determinar o mais adequado vai depender de uma série de fatores específicos da sua empresa. Com o aconselhamento de especialistas você pode decidir entre um plano de participação nos lucros normal ou a longo prazo, um fundo de pensão ou qualquer outro plano.

Ao escolher o melhor plano para a empresa e a equipe você ajuda seus funcionários a terem mais controle sobre suas vidas financeiras, o que é uma das maiores recompensas que podem ser dadas a eles e aos entes queridos.

> Um plano de aposentadoria deixa seus colaboradores satisfeitos hoje e no futuro.

138
Hora do bônus

Um programa de bônus é outro excelente modo de reconhecer e recompensar um rendimento superior, em especial durante um período estipulado de tempo, como um ano. De qualquer forma, é importante que todos estejam cientes dos critérios usados para estipular o bônus.

Tarefa

Se a sua empresa não tem um plano de gratificação, reúna-se com o gerente para discutir a possibilidade de implementar um. Caso sua companhia já tenha um desses programas, reveja os critérios usados para decidir quem receberá o bônus e pergunte se ele já virou um costume. Finalmente, reúna-se com o gerente para discutir métodos para revitalizar esse projeto.

Um modo de organizar esse tipo de sistema é um gerente e um colaborador se reunirem para estabelecer metas específicas e, então, tornar o bônus algo que depende tanto do funcionário quanto da empresa atingirem suas metas. O bônus não deve simplesmente aparecer no contracheque do funcionário, mas sim ser entregue em uma reunião comemorativa, pessoalmente, pelo gerente.

Para que tenha um impacto psicológico recompensador o bônus precisa estar ligado ao desempenho. Caso seja visto como algo que os colaboradores recebem automaticamente, seu valor cai, em todos os sentidos.

> A palavra "bônus" vem do latim, "bom". Dessa forma, não há como negar que um "bônus" é um bom modo de recompensar um bom desempenho.

139
Outras opções

Um modo importante de dar a seus colaboradores a possibilidade de uma recompensa financeira substancial é ter um programa de participação acionária. Com ele os funcionários podem comprar um número determinado de ações da empresa pelo preço e período estabelecidos pela própria organização.

Tarefa

Se sua companhia não tem um programa de participação acionária, reúna-se com a gerência para discutir o assunto. Se tiver, encontre-se com um consultor financeiro para ter certeza de que entende exatamente como ele funciona. Essa é uma questão importante para a empresa, a equipe e as pessoas que você possa querer contratar.

Embora não haja garantia de que seus funcionários conseguirão ficar ricos com essas ações, uma vez que isso depende de questões como a volatilidade do mercado, o desempenho da empresa e o volume da aquisição, eles apreciam a possibilidade de ganhar dinheiro para complementar o salário se continuarem a ter um bom rendimento.

Além disso, uma participação acionária ajuda os colaboradores a se sentirem mais como parceiros (ou até mesmo donos) da empresa, o que é uma grande recompensa psicológica. Mais importante ainda: é uma recompensa que pode ser dada a todos os colaboradores, e que não precisa ser limitada a executivos.

Se você quiser que seus colaboradores se sintam reconhecidos, a melhor ação é dar a eles a possibilidade de participação acionária na empresa.

140
Sua equipe talentosa

Sua empresa provavelmente possui grandes talentos, não apenas no que diz respeito à habilidade no trabalho, mas também a outras áreas menos evidentes. Para uma atividade divertida e recompensadora, marque um almoço para os colaboradores demonstrarem alguns desses talentos desconhecidos.

Tarefa

Avise a todos que vai haver um concurso de talentos na empresa e os participantes podem se inscrever nas mais diversas categorias. Escolha um dia tranquilo, possivelmente uma sexta-feira no fim do mês, depois compre os prêmios e deixe as câmeras prontas para capturar algumas boas imagens para o site da empresa.

Esse é um bom momento para seus colaboradores exibirem suas habilidades de cantores, dançarinos, comediantes, imitadores, músicos, poetas, artistas de karaokê etc. Se quiserem, podem formar um grupo e criar um esquete. Todos estão convidados a participar e também a ser os jurados.

Todos os concorrentes devem receber uma salva de palmas e saudações, e é preciso haver premiação para os melhores talentos em cada categoria. Você pode se divertir escolhendo os prêmios, como ingressos para assistir a uma comédia dados ao funcionário ou esquete mais engraçado.

> Quando você cria e conduz um evento que exibe e recompensa os talentos especiais dos funcionários, também está exibindo alguns de seus talentos especiais como chefe.

141
Banquete de premiação

Como ponto alto do maravilhoso trabalho durante o ano, um modo gratificante de reconhecer os feitos ou sucesso de seus colaboradores é oferecer um banquete. Esse é, em geral, um evento fora do local de trabalho, e inclui toda a equipe, seus entes queridos, membros do conselho e outros convidados importantes para a empresa.

Tarefa

Entre em contato com alguns hotéis e clubes na sua área e crie uma planilha que inclua tamanhos de salões, cardápios, custos e datas disponíveis. Encontre-se com outros gerentes da empresa para revisar sua planilha e analisar a viabilidade desse tipo de evento.

A premiação pode incluir música e entretenimento, mas o ponto alto deve ser a apresentação final. O reconhecimento deve começar por grupos que receberam outros prêmios ao longo do ano, como o de Funcionário do Mês. As premiações também podem incluir outras homenagens e prêmios, como o de produtividade, o de segurança e o de sugestões. O ponto alto do evento deve ser o anúncio do Funcionário do Ano.

Todos os colaboradores se sentem honrados em comparecer a esse tipo de evento e sua satisfação e orgulho dobram quando se destacam individualmente ou em grupo.

> Nas melhores premiações, o cardápio inclui um serviço abundante de comidas saborosas e reconhecimento.

142
Um grande plano

Se alguns de seus funcionários permitiram significativa economia para a empresa, protegendo-a de futuros problemas, um protetor de tela que dê a eles reconhecimento especial parece apropriado. Em vez do protetor de tela padrão, você pode personalizar o papel de parede das máquinas da empresa, colocando a fotografia do funcionário que deseja reconhecer. Isso não é difícil de fazer se sua empresa tiver um sistema de computadores controlado e centralizado.

As ações dos seus funcionários podem proteger a empresa de diversos gastos desnecessários, seja de dinheiro, energia, tempo, materiais ou até mesmo com clientes. Graças aos programas de hoje é possível criar um protetor de tela que inclua uma foto dos colaboradores, uma frase sobre o que quer que eles tenham feito e até uma música de fundo.

Tarefa

Pesquise na internet os programas para desenvolver papéis de parede. Discuta com o especialista em tecnologia da empresa sobre a possibilidade de utilizar um desses programas e, se puder, faça-o.

Colocar fotos dos colaboradores como protetor de tela da empresa é um processo de reconhecimento que se reinicia a cada vez que os computadores são ligados.

143
Um conselho

Se você está interessado em proporcionar reconhecimento, aumentar a motivação e a satisfação dos colaboradores e ajudá-los a tomar decisões melhores, tudo o que precisa fazer é convidar um ou mais deles para sua sala e pedir conselhos, ideias e sugestões para algum projeto.

Explique brevemente o projeto e as estratégias que você tem usado, então comente que está interessado em ouvir opiniões e sugestões. Faça-lhes uma pergunta inicial e deixe o debate fluir naturalmente. Tudo o que precisa fazer é tomar notas e tirar suas dúvidas.

Tarefa

Revise seus projetos em andamento e procure algum que possa ser beneficiado pelos conselhos da equipe. Caso encontre, convide os funcionários com experiência na área para uma reunião. Independente do resultado, lembre-se de agradecer pela ajuda.

Ao incluir seus funcionários em alguns de seus projetos importantes, você os está tratando como fontes valiosas de conhecimento, o que é altamente recompensador. Conforme continua a trabalhar no projeto, lembre-se de reportar os resultados aos colaboradores que o ajudaram.

No que diz respeito a reconhecer e recompensar colaboradores, um dos melhores conselhos é pedir os conselhos deles.

144
Durante a sua ausência

Muitos gerentes deixam de lado uma importante oportunidade de reconhecimento quando seus colaboradores retornam ao trabalho após passarem alguns dias doentes. Esses funcionários normalmente são recebidos com centenas de e-mails, mas nenhum indica que alguém realmente se importa com eles, pois todas as mensagens tendem a ser sobre negócios. Um pouco de reconhecimento nesse ponto não custa nada e, ainda assim, é bem significante.

Tarefa

Se você tem algum membro de sua equipe que está faltando ao trabalho por motivos de saúde, anote em sua agenda para não se esquecer de dar as boas-vindas quando ele voltar. Além disso, avise aos outros funcionários que seria agradável que eles também dessem as boas-vindas ao colega.

Um gerente pode fazer uma grande diferença se tirar um ou dois minutos para enviar um e-mail ao funcionário que está retornando, ou para se encontrar com ele e dizer "Bem-vindo de volta, sentimos sua falta". Com essas poucas palavras o colaborador se sente apreciado, valioso e importante para a empresa. Quando um funcionário volta de licença médica e não ouve uma só palavra da gerência, tende a pensar o pior, o que certamente não traz o melhor dele à tona.

> Quando você dá as boas-vindas a um colaborador que estava de licença médica, seus comentários o ajudam a se sentir bem e a trabalhar melhor.

145
Uma verdadeira política de portas abertas

Ter uma verdadeira política de portas abertas quer dizer que os funcionários são bem-vindos em seu escritório e que você está genuinamente interessado neles e no que têm a dizer. Isso é recompensador para eles porque mostra que você os considera valiosos, dignos de confiança e respeito. Essa política é bastante diferente de uma política clássica de portas abertas, na qual os funcionários podem entrar na sala do chefe, mas fazem por sua própria conta e risco

> **Tarefa**
>
> Analise honestamente sua política de portas abertas, faça uma lista dos fatores que indicam que é uma política verdadeira e outra dos que indicam que é uma política "à maneira clássica". Se a última for maior, volte a ela e escreva um plano de correção para cada item.

Quando os colaboradores têm perguntas sobre seus projetos, preocupações, carreiras, conflitos com colegas, superiores ou estão confusos sobre suas prioridades, é reconfortante e recompensador saber que podem sentar e ter uma discussão reservada e profissional sobre esses assuntos com o chefe. Mesmo que raramente apareçam em sua sala, é reconfortante saber que sempre podem fazê-lo.

> Uma política de portas abertas pode ser gratificante, desde que o gerente também tenha uma mente aberta.

146
Vamos nos orientar

É sempre preciso um pouco de coragem para contratar um novo funcionário, jogá-lo nas águas da empresa e deixá-lo nadar ou afundar sozinho, mas a verdade é que uma orientação bem estruturada é muito mais recompensadora para os recém-contratados. Quando os novatos são deixados à própria sorte, tendem a gastar muito tempo e energia em atividades menores de transição, que são muito frustrantes, enquanto suas responsabilidades centrais são deixadas de lado.

Tarefa

Analise cuidadosamente seu programa de orientação e tente perceber se ele inclui componentes importantes como apresentação, visão global da empresa, visitação, treinamento nos computadores e uma revisão das políticas e dos programas mais importantes. Converse com os funcionários que foram contratados nos últimos seis meses e peça a opinião deles sobre o modo como foram orientados. Se a orientação tiver uma grande taxa de desaprovação, crie uma equipe para reestruturá-la.

Quanto mais cedo o novo funcionário conseguir chegar ao núcleo do trabalho, mais cedo sentirá a satisfação que vem do aprendizado, do sucesso e de atingir metas significativas. A mensagem transmitida por um programa de orientação ruim é a de que os novos colaboradores não são particularmente importantes e que qualquer coisa que qualquer um estiver fazendo deve receber mais atenção do que sua orientação. Essa abordagem leva-os a começar com o pé esquerdo, o que logo poderá carregá-los até a porta de saída.

> Um programa de orientação é a primeira oportunidade para mostrar aos novatos a importância do reconhecimento e dos próprios novatos.

147
O céu é o limite

Quando o desempenho dos colaboradores atinge novas alturas, uma boa recompensa, seja isolada ou acompanhada de outras, é uma viagem de balão ou de helicóptero. Essas recompensas são empolgantes por si só e funcionam particularmente bem junto a outras, como uma viagem de fim de semana que inclua um desses passeios.

Tarefa

Se algum de seus colaboradores atingiu novos recordes em produtividade, vendas ou qualquer outro critério importante para o sucesso da empresa, use a lista telefônica ou a internet para encontrar empresas que proporcionam viagens de helicóptero ou balão. Escolha a que se adequar melhor ao seu programa de reconhecimento e recompense os altos voos de seu funcionário com essa notícia, que vai literalmente levá-lo às alturas. Quando forem voar, convença-o a tirar várias fotos.

Muitos de seus funcionários provavelmente nunca tiveram essas experiências, o que torna as recompensas mais memoráveis e únicas. Com o passar dos anos, eles podem ou não se lembrar de muitas coisas sobre a viagem de fim de semana que ganharam, mas se lembrarão de uma viagem que incluiu um passeio desses como se tivesse acontecido ontem. Mais importante: eles se sentirão como se tivessem sido recompensados ontem mesmo.

> Para os colaboradores cujo desempenho está acima e além dos outros, a melhor recompensa é aquela que os leve acima e além dos outros.

148
Movimentos laterais

Um método de reconhecer e recompensar que costuma ser mal interpretado é transferir um profissional para outro setor. Alguns gerentes e funcionários ainda entendem essa medida como uma punição ou demonstração de falta de confiança, porém nada poderia estar mais longe da verdade.

Uma transferência é feita para levar os colaboradores mais capacitados e produtivos a novas responsabilidades e desafios que combinarão melhor com seu conhecimento, habilidade e capacidade. Ao tomar esse tipo de atitude, a real mensagem a ser passada é a de que você os entende como indivíduos e os está recompensando com maiores oportunidades de aprendizado, crescimento e avanço.

Tarefa

O melhor modo de capitalizar os benefícios associados à transferência de funcionários é ter um sistema que permita que seus antigos colaboradores se candidatem a novas posições da empresa se quiserem. Se sua organização já tem esse programa, revise-o para ter certeza de que é bem conhecido e funcional. Se não tem um, comece o processo de criação e inicie o projeto já nos próximos meses.

Funcionários e funções são entidades dinâmicas, mudam com o tempo, às vezes crescem juntos e se distanciam. Quando excelentes funcionários começarem a se distanciar de seus trabalhos, uma transferência pode ser uma ótima recompensa para eles e para a empresa.

> Embora uma transferência mude o funcionário de lugar, não o deixa de lado, apenas o coloca em uma posição melhor.

149
360 graus de liberdade

Uma das melhores recompensas que você pode proporcionar a seus colaboradores é um feedback honesto que possa ser usado para crescer, se desenvolver e atingir o sucesso. Embora seja possível proporcioná-lo sozinho, uma boa estratégia é um feedback em 360 graus.

Com essa estratégia de reconhecimento, os funcionários receberão feedback dos gerentes, dos colegas e dos subordinados, se os tiverem. Como parte do processo, o funcionário deve fazer uma autoavaliação. Os resultados são resumidos pelo chefe e devolvidos ao colaborador com um plano de desenvolvimento personalizado e revisões ao longo do tempo.

> **Tarefa**
>
> Se você já usa o aconselhamento em 360 graus, reveja a eficiência desse processo indo a seus funcionários e pedindo sugestões, e então use as ideias deles para fazer correções e melhorias. Se ainda não utiliza o programa, leia sobre o processo, converse com os colegas que já são familiarizados e com seus colaboradores, e então inicie o programa.

Funcionários veem sua participação nesse programa como uma expressão de reconhecimento e apreciam especialmente os conselhos preciosos que podem ajudá-los a se tornarem mais eficientes em todos os sentidos.

> Os 360 graus de aconselhamento podem recompensar seus funcionários com um mundo de informações para ajudá-los a construir o próximo passo positivo em seu trabalho, carreira ou vida.

150
Receita para o sucesso

Um jeito divertido de reconhecer e recompensar o talento e a singularidade de sua equipe é montar um livro de receitas da empresa que contenha as receitas favoritas de seus colaboradores para qualquer refeição ou lanche. Se quiserem, eles podem incluir alguma ilustração, desenho ou fotos com seus pratos favoritos. Quanto mais, melhor.

Tarefa

Peça para alguns voluntários liderarem o projeto do livro de culinária da empresa. Mostre suas expectativas, parâmetros e orçamento. Lembre que eles precisam fazer cópias para todos e algumas extras para a sala de espera e para os visitantes. Quando tudo estiver decidido, deixe que o processo comece.

Em primeiro lugar, o livro de culinária reconhece seus funcionários como indivíduos. A sua empresa emprega pessoas de diversas origens e culturas e um livro com suas receitas tradicionais é um modo maravilhoso e apetitoso de homenageá-las.

Ao mesmo tempo, criar um livro pode ser um recompensador exercício de equipe, uma vez que os colaboradores trabalham juntos apresentando receitas e discutindo como o livro deve ser feito, organizado e reunido. O sentimento de equipe aumenta quando eles dividem a satisfação de ver o produto final: um livro de receitas da empresa que faz com que todos se sintam orgulhosos.

> Um livro de culinária da empresa pode trazer recompensas para todos os gostos.

151
As melhores recompensas

Se você procura uma forma recompensadora de determinar o melhor programa de reconhecimento para seus colaboradores, tudo o que precisa fazer é perguntar a eles. Afinal, eles sabem como gostam de ser recompensados, e pedir seus conselhos nos primeiros estágios do processo também é recompensador.

Tarefa

Reúna-se com seus colaboradores para discutir os programas de reconhecimento e recompensa da empresa. Converse com eles sobre o tipo de programa que está pensando em adotar e peça suas sugestões. Quando finalmente selecionar e implementar um deles, tente moldá-lo de acordo com as necessidades de seus funcionários e lembre-se de monitorar seus feitos cuidadosamente.

Empregadores podem ter grandes despesas para presentear os funcionários com algo que, na melhor das hipóteses, é recebido com um bocejo e, na pior, com desdém. Quando isso acontece, as mensagens negativas se acumulam e os colaboradores podem chegar a acreditar que o chefe não sabe nada sobre eles ou, pior, que não se importa. Além disso, eles ficam estressados, porque a empresa está desperdiçando dinheiro em recompensas inúteis, em vez de simplesmente lhes dar o dinheiro.

Para ter um programa de reconhecimento bem-sucedido, é importante manter uma boa comunicação com seus funcionários, e também observar a eficácia do programa que você criou.

Colaboradores têm algumas ideias maravilhosas sobre reconhecimento e recompensa, e se suas ideias forem levadas em consideração, os resultados também podem ser maravilhosos.

Sumário

Como usar este livro   5

1. Faça bom uso das palavras   7
2. Construa um ambiente positivo   8
3. Faça visitas   10
4. Formalize   11
5. As riquezas do enriquecimento   13
6. Não há nada como um bom livro   14
7. A arte dos artigos   15
8. Dar a volta por cima   17
9. Reconhecimento por assinatura   18
10. O certo é escrever   19
11. E-mail de excelência   21
12. Espalhe a mensagem   22
13. Entre na onda verde   23
14. Cartões virtuais   25
15. Cartões impressos   26
16. Dê uma folga   27
17. Fique atento   29
18. Um pouco de educação   30
19. As recompensas de ensinar   31
20. Líderes certificados   33
21. Distribua pontos   34
22. Cuide da saúde   36
23. Estacionamento de primeira   37

24.	Oportunidades de promoção	39
25.	Mantenha os olhos na parede	40
26.	Uma recompensa polida	41
27.	Uma boa pedida	43
28.	Troféus clássicos	44
29.	Troféus originais	45
30.	Bem na hora	47
31.	Mesa para dois	48
32.	Praticar esportes	49
33.	Assistir a esportes	51
34.	Brindes esportivos	52
35.	Apto a agradar	53
36.	Vamos almoçar aqui	55
37.	Vamos almoçar fora	56
38.	Vale-reconhecimento	57
39.	Os benefícios da carona corporativa	59
40.	Ideias de entretenimento	60
41.	Veja se esta serve	61
42.	Saudações	63
43.	Selo de aprovação	64
44.	Uma mensagem do presidente	65
45.	Reconhecimento em quatro rodas	67
46.	Um aumento	68
47.	Reconheça não apenas seus funcionários	70
48.	Aqui vai uma sugestão	71
49.	Anote os elogios	73
50.	Uma nova *newsletter*	74
51.	Parem as máquinas!	75
52.	Anuncie reconhecimento	77
53.	Escreva suas próprias manchetes	78
54.	Almoço executivo	79
55.	De igual para igual	81

56. Feliz aniversário! 82
57. Sábio em relação aos sabáticos 84
58. Quando a oportunidade bate à porta 85
59. Saia em busca de oportunidades 87
60. Renomeie 88
61. Exiba seus funcionários 89
62. Pessoas queridas 91
63. Festeje as datas comemorativas 92
64. Ajude seus funcionários 94
65. Uma salva de palmas 95
66. Já era hora! 97
67. Objetive os objetivos 98
68. Vamos almoçar 100
69. Saúde! 101
70. É melhor pesquisar 102
71. O valor do vídeo 104
72. Recompense as recomendações 105
73. Mentores motivam mudanças 107
74. Monte uma força-tarefa 108
75. O que você achou? 110
76. O poder das flores 111
77. Faça mais em nome dele 113
78. Saia mais cedo 114
79. Chá e café com biscoitos 115
80. Invista na educação 117
81. Creche para as crianças 118
82. A conveniência de um *concierge* 120
83. Entre em forma 121
84. Reconhecimento voluntário 122
85. Dê férias 124
86. A viagem de campo 125
87. Lado a lado com os melhores 127

88.	Reconheça em parceria	128
89.	Parabéns!	129
90.	Dinheiro na mão	130
91.	Pergunte aos funcionários	132
92.	Só para você	133
93.	Desconto conta	134
94.	Saudação com o chefe	136
95.	Olhando para a frente	137
96.	A importância dos cartões	139
97.	Coloque o ânimo lá em cima com balões	140
98.	Mestre por um dia	141
99.	Funcionário do Mês	143
100.	Funcionário do Ano	144
101.	Sucesso comprovado	145
102.	Ideias de fora	147
103.	A mensagem da massagem	148
104.	Medite sobre isto	149
105.	Falando em ergonomia	151
106.	Feng Shui	152
107.	Mudanças recompensadoras	154
108.	Gerenciamento artístico	155
109.	É hora de dormir	156
110.	Leve-os para dar uma volta	158
111.	Em nome do reconhecimento	159
112.	Para todos verem	161
113.	É a época do anuário	162
114.	Pé na estrada	163
115.	Empresas modernas	165
116.	Tecnicamente falando	166
117.	Já não era sem tempo	168
118.	Para um desempenho brilhante	169
119.	Reconhecimento delicioso	170

120.	Cara a cara com um profissional	172
121.	Pegue e leve	173
122.	Leve o treinamento a sério	174
123.	Dia de piquenique	176
124.	Recolher e recarregar	177
125.	Clube de recompensas	179
126.	Redutores de estresse	180
127.	Faça uma pose	181
128.	Reconhecimento enraizado	183
129.	Passe o reconhecimento, por favor	184
130.	Saídas divertidas	185
131.	Que imprevisível!	187
132.	Uma cesta de reconhecimento	188
133.	Tarefas significativas	189
134.	Para os novatos	191
135.	Um bom sinal	192
136.	É o seu dia	193
137.	Planeje o futuro	195
138.	Hora do bônus	196
139.	Outras opções	197
140.	Sua equipe talentosa	199
141.	Banquete de premiação	200
142.	Um grande plano	201
143.	Um conselho	202
144.	Durante a sua ausência	204
145.	Uma verdadeira política de portas abertas	205
146.	Vamos nos orientar	207
147.	O céu é o limite	208
148.	Movimentos laterais	210
149.	360 graus de liberdade	211
150.	Receita para o sucesso	213
151.	As melhores recompensas	214

ATENDIMENTO AO LEITOR E VENDAS DIRETAS

Você pode adquirir os títulos da BestBolso através do Marketing Direto do Grupo Editorial Record.

- Telefone: (21) 2585-2002
  (de segunda a sexta-feira, das 8h30 às 18h)
- E-mail: mdireto@record.com.br
- Fax: (21) 2585-2010

Entre em contato conosco caso tenha alguma dúvida, precise de informações ou queira se cadastrar para receber nossos informativos de lançamentos e promoções.

Nossos sites:
www.vivalivros.com.br
www.record.com.br

EDIÇÕES VIVA LIVROS

Alguns títulos publicados

1. *Ame-se e cure sua vida*, Louise L. Hay
2. *Seus pontos fracos*, Wayne W. Dyer
3. *Não se deixe manipular pelos outros*, Wayne W. Dyer
4. *Saúde perfeita*, Deepak Chopra
5. *Deus investe em você e Dê uma chance a Deus*, Hermógenes
6. *A chave mestra das riquezas*, Napoleon Hill
7. *Dicionário de sonhos para o século XXI*, Zolar
8. *Simpatias da Eufrázia*, Nenzinha Machado Salles
9. *Nascido para amar*, Leo Buscaglia
10. *Vivendo, amando e aprendendo*, Leo Buscaglia
11. *Faça sua vida valer a pena*, Emmet Fox
12. *QS: Inteligência espiritual*, Danah Zohar e Ian Marshall
13. *O poder do subconsciente*, Joseph Murphy
14. *A força do poder da fé*, Joseph Murphy
15. *O poder cósmico da mente*, Joseph Murphy
16. *Telepsiquismo*, Joseph Murphy
17. *Como atrair dinheiro*, Joseph Murphy
18. *Cuidando do corpo, curando a mente*, Joan Borysenko
19. *Terapia de vidas passadas*, Célia Resende
20. *Passos de gigante*, Anthony Robbins
21. *Codependência nunca mais*, Melody Beattie
22. *Para além da codependência*, Melody Beattie
23. *Não diga sim quando quer dizer não*, H. Fensterheim e Jean Baer
24. *101 coisas que não me contaram antes do casamento*, Linda e Charlie Bloom
25. *Encontros com médiuns notáveis*, Waldemar Falcão
26. *Autoestima*, Christophe André e François Lelord
27. *Reiki para todos*, Roberto King e Oriel Abarca

Este livro foi composto na tipologia Minion Pro Regular, em corpo 11/13,5, e impresso em papel off-set 56g/m² no Sistema Cameron da Divisão Gráfica da Distribuidora Record.